デザイナーのための住宅設備設計術

高柳英明・添田貴之 著

彰国社

デザイン：スタヂオ・ポップ

はじめに

　住宅設計の際、いつも「設備」は悩ましい。建物をすっきり美しくデザインしたくても、設備は設備として存在を主張し、各々設置要件を突きつけてくる。エアコンひとつをとっても、冷媒管や水抜きドレンなどの室内機配管だけでなく、室外機の放熱余地の確保など、置き方や設置向きまで留意する必要があり、事前に十分検討をしておかないまま設計を進めると、外観や内観デザインだけでなく、建築計画全般にわたって見直す必要にせまられる場合もある。設備機器は、快適な生活を送るうえで必要不可欠、かつ有り難いものであるのは承知のうえだが、美しくデザインされた建築や生活環境では、必要に応じて「裏方」に隠れていてもらいたいものである。

　通常の住宅や集合住宅の設計では、大きなプロジェクトでない限り、デザイナー側で設備計画をし、適切な設備機器を選定し、設備図面も描くことになる。これらは経験の浅いデザイナーにとって、大変難易度の高い知的作業といえる。また、定石的な設備の悩みに対し、自分なりの解決策を見出している中堅デザイナーであっても、工事の最終工程である外構回りの枡や照明、受電の引込みなどのディテール検討を後手に回してしまいがちであり、結果、外観デザインを損なうことに悔やむことも多いと聞く。

　一方で、昨今施行された「省エネ法」や、環境問題への社会意識などにも対応させながら設備をすっきり美しく納めるということは、かなりの労力を伴う仕事であり、建築デザインにおける独立した研究分野になりつつあると、筆者らは感じている。

　本書は、こうした独立住宅・集合住宅の設備計画における「悩みどころ」に対し、住宅デザイナーの観点から解決策を示し、「見せる」「魅せる」「隠す」「兼ねる」「見えない所で工夫をする」「バランスをとる」「徹底してこだわる」等の、いくつかの「勘どころ」としてまとめたものである。章立ては、配置計画、住戸計画、室内計画、衛生・水回り、環境対応、外観・水仕舞い等のデザイン・プロセスに沿っており、また各項目とも、具体的な解決方法を見出しとして立て、シンプルかつ明解に図解してある。読者諸氏には、本書で示す解決策をアイデアの発端とし、さらに合理的で美しい、すっきりした設備設計［術］を研鑽していただきたく思う。

　また本書は、設備設計術を中心にまとめたものであるが、トピックとして「環境問題・自然エネルギー利用」を無視できない。CASBEE、LCCO2にかなうものは住宅レベルではテーマが大きすぎるため本書では扱わないが、何らかの現代的なエコフィット・アイデアで環境改善に寄与している設計事例も取り上げているので参考にされたい。

2016年8月

高柳英明

目次

●第1章　都市インフラとのつながり

- 1.1　都市インフラときれいにつながる 008
- 1.2　引込み柱で美しく受電する 010
- 1.3　外壁を使ってスマートに受電する 012
- 1.4　電気メーターボックスをデザインする 014
- 1.5　給水メーターボックスを工夫する 016
- 1.6　都市ガスメーターの位置を検討する 018
- 1.7　LPガス設備の隠し方をデザインする 020
- 1.8　排水枡の位置を検討する 022

●第2章　生活デザインと電気設備

- 2.1　家具に分電盤を組み込む 026
- 2.2　空間デザインを邪魔しないスイッチプレート 028
- 2.3　生活所作に寄り添う電源・スイッチパネル 030
- 2.4　生活動線からスイッチ回路をレイアウトする 032
- 2.5　弱電設備の系統図を描く 034
- 2.6　多様化するアンテナ・受信設備とその納め方 036
- 2.7　太陽光発電パネルを設置する 038
- 2.8　インターホンプレートを製作する 040
- 2.9　明るさのモードをデザインする 042
- 2.10　照明・感知器をプロットする 044
- 2.11　電気設備をすっきり躯体に埋め込む 046
- 2.12　照明器具と光源を造作で隠す 048

●第3章　居住クォリティと水回り設備

- 3.1　FRP防水仕上げのバスルーム 052
- 3.2　バスルームをモルタルで仕上げる 054
- 3.3　強化ガラスを使って浴室をつくる 056
- 3.4　ユースフルな洗面カウンター 058
- 3.5　閉じながら関係をもつ洗面室 060
- 3.6　生活動線上に洗面スペースを設ける 062
- 3.7　タオルバーとペーパーホルダー 064
- 3.8　案外大事なトイレの工夫 066
- 3.9　キッチンを三角形で考えよう 068
- 3.10　コンクリートでキッチンをつくる 070
- 3.11　現場作業でつくるデザインキッチン 072
- 3.12　量販家具メーカーの規格製品キッチンを納める 074

●第4章　デザイナーズ冷暖房設備

- 4.1　ルームエアコンを賢く納める ... 078
- 4.2　ルームエアコンの裏方をうまく納める ... 080
- 4.3　バンカールーバーで住宅全体を空調する ... 082
- 4.4　全館空調の納め方 ... 084
- 4.5　吹抜け・大空間には床暖房 ... 086
- 4.6　緩やかに室内気候をコントロールする ... 088
- 4.7　掘りごたつと薪ストーブ ... 090

●第5章　自然エネルギーと住宅デザイン

- 5.1　鋼管杭と鋼板構造体による地中熱交換 ... 094
- 5.2　蓄熱土間スラブで縁側空間を暖めるパッシブソーラーの基本 ... 096
- 5.3　水田の涼気をクールピットで最適化する ... 098
- 5.4　吹抜け空間のソーラーチムニー ... 100
- 5.5　3階建て住宅の縦型換気循環システム ... 102
- 5.6　玄関ドア横に通風スリットを設ける ... 104
- 5.7　建築的に日射をコントロールする ... 106

●第6章　デザイナーズ換気設備

- 6.1　アイランド型キッチン排気 ... 110
- 6.2　アイランドキッチンの卓上レンジフード ... 112
- 6.3　換気扇等による収納の結露対策 ... 114
- 6.4　給気レジスタの位置を工夫しよう ... 116
- 6.5　バス換気乾燥機を躯体天井に埋める ... 118

●第7章　外観デザインと設備

- 7.1　ベントキャップの外壁納まり ... 122
- 7.2　給湯熱源機の基本を知る ... 124
- 7.3　給湯・熱源機を隠すための工夫 ... 126
- 7.4　室外機を美しく隠す ... 128
- 7.5　エレベータで人の動きを可視化する ... 130
- 7.6　連結送水管をすっきり納める ... 132
- 7.7　外観に見せる雨樋 ... 134
- 7.8　外観に見せない雨樋 ... 136
- 7.9　外壁窓まわりの水仕舞い ... 138
- 7.10　見せない雨受けで魅せる屋根 ... 140
- 7.11　土間の切下げで水場をつくる ... 142

　　　クレジット ... 144
　　　付録　実例／住宅設備設計 ... 145
　　　索引 ... 150

第1章

都市インフラとのつながり

1.1 都市インフラときれいにつながる

●はじめに接道関係を整理する

　めでたく住宅の設計依頼を受けたら、まずは敷地調査を行うことになる。土地の正確な寸法や高低差などは専門の測量技師に任せればよいが、敷地から見て接道上のどこに何があるかを正確に把握することから設計業務がスタートする。過去に住宅等の建っていた敷地の場合、ガスや上下水道の飛込み配管[※1]は敷設済みである可能性が高いが、新たに整備された宅地などでは、これらの幹線から敷地内に引き込む工事が必要になってくる。とくに上水の引込みにかかる水道負担金の費用は、通常は施主が負担するものであり、自治体によってその額に差がある。また、車庫や車両進入路を確保するうえで妨げになりうる交通標識や舗道上の街路樹・植込み等は、移設が可能かどうか所轄の関係窓口と協議を進めておく。敷地の前面に舗道がある場合、車両の進入に際してスロープ状に切り下げる工事が必要になる場合があるが、地下排水溝を備えている斜面地や幹線道路沿いにおいては、不必要な切下げ工事は高額になるため避けたほうが無難であろう。あるいは可能な限り既設の切下げを活用して車庫や車路の配置検討を行うとよいだろう（**図1**参照）。また樹高5m以上の街路樹は、相当に深く根を張っているため、所轄の許可が得られたとしても移設はほぼ不可能である。街路樹の位置と大きさは、とくに窓前眺望を考慮するうえで重要であるので、例えば**図2**のような立体図を用いるなどし、建築計画の進捗に応じて早い段階で検討に加えておいたほうがよい。地上の引込み関係が上手くいけば、住戸の窓前眺望や、アプローチまわりをすっきりとさせることができる（**図3**）。

●電柱は移設不可・幹線のない地域は事前に敷設依頼を

　電柱は基本的に移設ができない。また新興住宅地や別荘・山荘分譲地などで敷地前まで幹線整備されていない場合は、事前に所轄電力会社と調整し、電柱・地下幹線設置の依頼を行う。この場合、引渡し以降のタイミングでは遅く、施工期間も現場にて電力を使うので、着工前に完備されていることが望ましい。戸建て住宅等の現場では、簡易発電機を持ち込んで工事が行われることもあるが、その段取りが可能かどうか、施工会社と調整しておく必要がある。そして計画建物と既存電柱とをきれいにつなぐには、電線の引込み元からの渡りルートを協議・調整することが大事である。測量の際に、周囲の街路樹や障害物の位置と高さをおさえておき、接道側から短く渡すのか、接道対岸からなのか、引込み柱は必要なのかをここで検討する（**図1**中電気引込み渡り参照）。

　また別荘地等では、ガスはプロパンガス、下水は浄化槽で対応ができるが、上水幹線の整備にあたっては、高額な敷設費用を依頼主で負担しなければならないケースもあるので注意を要するところである。

※1：飛込み配管
公道側に埋設されているガスや上下水道の幹線から計画敷地内へと引き込む支線のことを通称している。

○既存電柱…所轄電力会社・事業所と協議、電話線含む場合は所轄NTT事業所とも協議
○交通標識…警察署への届け出
○街灯…街灯設置者・商店会などと協議
○ゴミ置き場…町内会・自治会と協議のうえ清掃局に移設申請
○舗道切下げ…市町窓口に申請、実費負担（高額）
○舗道街路樹…市町窓口との協議

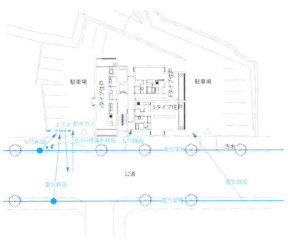

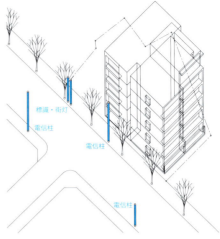

図2 街路樹・電柱等との空中景観検討図

図1 各種引き込み元の検討
既存の電気・NTT回線引込みルートだとLまたはiタイプ住戸の窓前眺望に渡り線が見えてしまうし、間口の広い建物外観を損なうため、北側境界線端に敷地内引込み柱を設け、そこに両者を束ねてすっきりルートとしている。また地中引込みを行う上下水・ガス等も北側進入路から飛び込ませ、止水マスやハンドホールを点検しやすい位置にひとまとめにしている。

図3 眺望を確保し都市インフラときれいにつながる

1.2 引込み柱で美しく受電する

●電気の引込みは外観の肝である

　受電引込み工事は建築工程の最終段階に行うので、後になってディテールに凝ろうと思っても、施工費用の調整が効かず、防錆メッキのH鋼を立て、それでおしまいにしがちになる。引込み処理は、外観の肝であるため、雑でみっともないものにしないためにも、スマートに納まるデザインを事前に検討しておくとよい。

　図1は、1.1節でふれた敷地内引込み柱の実例である。引込み柱の頭頂部から1、2段目で電力を、また3段目でNTT等の通信回線を、1カ所でスマートに引き込んでいる。この建物の計画では、前面道路に対して駐車場分セットバックして本体建物が配置されているので、例えばそれらの引込みを壁面直受けすると、相当な長さの敷地内渡り配線が出現し、景観上も安全上も合理的でない。また集合住宅の場合はとくに、電力引込み直下に受電盤を設けるが、建物本体に盤の設置場所が確保できない場合は、本事例のように露出受電盤を屋外に設置してもよいだろう。また引込み以下、受電盤までの通線には通常VP管などで被覆した電線が束になって表れるため、例えば図2のように、内部に被覆用VPをバンド結束した防錆塗装済みの溝型鋼をタイコに縫い、受電盤と基礎を共用するかたちの引込み柱を考案してはどうか。この事例では、片側頭頂部の背板部分を高さ1mほど切り取っておき、反対側の材の内側に受電金物（E型金物と呼ばれる電力会社指定金具）を縦に2箇所溶接固定してある。電話・通信線も同様に指定引込み金物を溶接止めしてある。

●ゴミ置き場・受電盤・引込み柱の基礎を兼ねる

　受電引込み柱の高さはおおむね地上5mほどになり、相当な独立基礎を要する。この事例では、図3に示すように、引込み柱の基礎と受電盤設置ベース、ゴミ置き場および水場の集水マス、さらには非常用放水のための双口取水スタンドの固定基礎を兼ねた、一体型地中基礎をつくってしまうことを考えた。こうすることで各々の基礎を別個につくるより小サイズで済むし、配筋手間やコンクリート打設回数も減るので経済的である。また縦列駐車区画の接道側境界塀がわりにもなっている。注意点としては、引込み柱以下の被覆導線は非常に硬く太いため、受電盤下に深く屈曲させるスペース取りが肝心である。この点は現場を担当する電気設備工事者とじっくり打ち合わせるとよい。

　また余談だが、ちょうどこの敷地前には街路灯がなかったため、防犯対策として駐車場照明を引込み柱に組み込んだ。

図1 特製引込み柱による受電

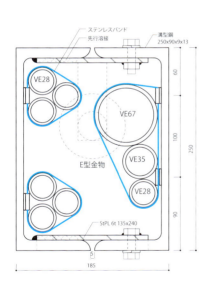

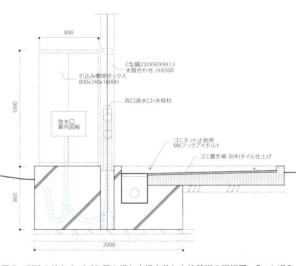

図3 引込み柱およびゴミ置き場と水場を兼ねた柱基礎の詳細図　S=1/50

図2　引込み柱の詳細図
この図の状態まで工場製作しておく。図中のVE28の束は、実際には一束しか用いないが、有線放送やネットワーク回線の将来的な増設を見越し、多めに打ってある。また現場建て方時には、固定ボルトをいったん外し、通線作業を済ませる。

図4　引込み柱頭頂部

図5　引込み柱　足元

1.3 外壁を使ってスマートに受電する

●電線の引込みを想定しておく

　何度も図面を描いてたくさんの模型をつくり、試行錯誤をした末にでき上がった形。ここに引込み線が接続されることに気づき、悩ましく思ったことは少なくない。電線の地中化が進んでいない日本では日常的な光景だが、建物の外観の検討に集中していると、つい見落としてしまうポイントだ。

　1.2節で取り上げた引込み柱で建物と切り離して引込み線を取り込む方法があるが、一般に多く見られるのは建物の外壁を使って直に引込む方法である。敷地に引込み柱を建てる余裕がない場合や隣地建物が近接している場合には、外壁で直に引込み線を受けるほうがスマートに見えることもある。

　架空線はおおむね道路面から5m前後の高さに位置しているので、敷地内に引かれる引込み線は、この高さから大きくはずれることはなく、一般的な建物を建てる場合の2階付近に相当する。

●建物の構造・建物用途による引込み方法の違い

　木造戸建て住宅では、建物に固定されたU型金物をはじめとした引込み用金具で引張力がかかる引込み線を受け、防雨型の引込みカバーフードを経由して建物に取り込む（**図1**）。カバーフードは製造メーカーからさまざまな形状や色が出ているので、外壁色と合わせるなど気をつけなければならない。また、U型金物とカバーフードの距離は必要以上に離さず、配線に支障のない範囲で近づけて、引込み線のたわみを最小に抑えることも重要だ。建物に取り込まれた幹線はメーターを経由して分電盤に接続されるが、木造建物の場合は幹線のルートを見つけることは比較的容易である。

　鉄筋コンクリート造の集合住宅の場合、引込み線が太くなることがほとんどで、建物が大きくなるほどその径は太くなる。引込み線を通すのに十分な径のCD管[※1]を壁内に打ち込むことが可能でも、梁や鉄筋が込んだスラブと壁の取合い部を縦に貫通することは難しい。外壁の外側に配管を設けるか、屋内側にEPS[※2]を設けるかどちらかとなる。**図2**は都内に建つ小規模の集合住宅である。敷地に余裕がなく、外壁と隣地外壁との距離が800mmほどと迫っているため、素直にその影となる建物外壁で引込み線を受け、鉄管を通していったん地中に配線している（**図3**、**図4**）。鉄管を外壁色と同色で塗装することで、道路側から気にならない程度の外観を保てている。このような狭小地においては、無理に引込み柱を建て、それが建物とほどよい距離をとれずに余計なものとして目立つより、外壁で直に引き込むほうがよりすっきりと見えることもある。

※1：CD管
オレンジ色をした樹脂製の配管で、コンクリート躯体に打ち込み、配管内に電線ケーブルを通して使用する。ケーブルの交換が想定される電話線やLAN配線用にも使われる。コンクリートに打ち込まず露出して使用する際には自己消化性のあるPF管を用いる。

※2：EPS
電気関係専用のパイプシャフト。

都市インフラ

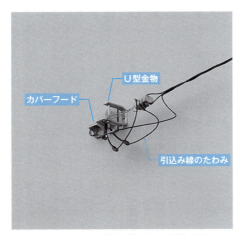

図1　木造戸建て住宅の外壁に接続された引込み線

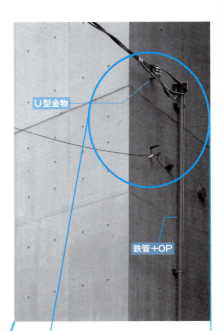

図3　引込み詳細

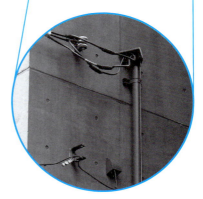

図4　同上拡大

図2　集合住宅外観
両隣に隣地建物が迫る。

1.4 電気メーターボックスをデザインする

● 電気メーターの配置とスマートメーター

　戸建て住宅では、引込み柱や建物外壁を利用して敷地内に引込み線が引かれ、電気メーターに接続される。電気メーターから分電盤までの配線を幹線と呼び、分電盤で建物内や外構の各回路に分配される。

　電気メーターは、毎月の検針が可能な位置に設置されなければならず、検針のしやすさだけを考慮するならば前面道路から目視できる外壁などへの設置が推奨される。しかし意匠的な観点からは、電気メーター本体は引込み線と同様、目立たないほうが好ましい。建物の裏などの隠れた場所に設置し、検針員が立ち入れる通路を設けておくことが重要だ。とくに都心の狭小地で計画する場合など、隣地境界線から外壁までの距離が50cm前後の場合、エアコン室外機などで通路を塞いでしまわないよう注意が必要である。

　また近年、各電力会社は従来型の電気メーターからスマートメーターへの移行を推進している。従来型の電気メーターでは、月別の消費電力の計測を検針員の訪問により行うのに対し、スマートメーターは30分ごとの消費電力を計測し、通信機能を利用して遠隔計測する。計測データはユーザーも閲覧でき、省エネを促す狙いもある。スマートメーターの設置には検針についての検討が省かれるため、設置の際の注意点も異なる。なお、電力自由化[※1]に伴って、自由に電力会社を選定するためにはスマートメーターの設置が前提となる。

● メーターボックスに防爆の措置を施す

　集合住宅では、引込み線は引込み開閉器盤へ接続され各戸に分配される。各戸の電気メーターの配置については、地上階の1カ所にまとめる方法と、各戸のメーターボックス内に設置する方法に大別できる。

　メーターボックスには、電気の他にガスや水道のメーターが納められることが多く、電気とガスが共存する場合には注意が必要となる。密閉されたメーターボックスの内部でガス漏れが起き、ボックス内にガスが充満した状態では、電線とメーターとのジョイントなどで起こるわずかな火花が点火エネルギーとなりガス爆発が起きる。

　対策として、一つは、メーターボックス内のガスの充満を防ぐため、メーターボックスの扉に所定の面積の開口を設け、エキスパンドメタルやパンチングメタルなどでカバーする方法もある（図1、図2）。共用部の空間の邪魔をしないよう開口のプロポーションに気をつけたい。また、電気メーターを鉄製のボックスで区画しつつ、検針用の小窓をつける方法もある（図3）。これらの対策については計画地を管轄する消防署にて協議を行い、指導を仰いだうえで規定を守って計画すること。

※1：電力自由化
これまで各地域において供給される電力会社が定められていたが、2016年4月以降、市場参入規制を緩和し、電力小売全面自由化がなされた。すべての消費者が電力会社や商品プランを選択できるようになった。

図1　集合住宅の共用廊下

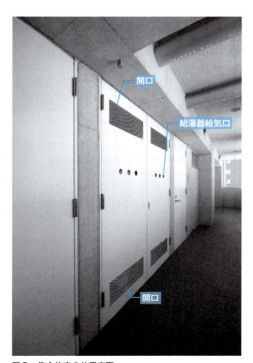

図2　集合住宅の共用廊下

図3　メーターボックス内
扉にパンチングメタルを使用して通気性を向上させ、電気メーターは鉄製ボックスで区画している。

1.5 給水メーターボックスを工夫する

　給水メーター（量水器）は、その設置場所や方法について、戸建て住宅と集合住宅では大きく異なる。各々の場合において注意すべき点や工夫すべき点も変わるので、計画の初期段階である程度の目処を立てながら設計を進めていきたい。

●戸建て住宅の場合

　戸建て住宅の場合、前面道路に埋設された給水本管から敷地内に水道管を引き込み、道路近くにセットされた給水メーター[※1]に接続され、床面に埋め込まれたボックス内にメーターが納められるのが一般的で、常時メーター検針ができるよう、車が駐車される駐車場内やその他検針に支障があるスペースに設置しないよう注意が必要だ。また外観上、メーターが異物として目立たないよう、設置場所やメーターボックスの蓋色や材質にも配慮すべきだ（図1）。メーターボックスは計画地のあるエリアを管轄する水道局が指定するものに限られるので、確認のうえ、設計図に指定しておきたい。

●集合住宅の場合

　集合住宅における水道メーターの配置については、大きく2種類に分けられる。1つは、敷地内に引き込まれた水道管からPSを経由して各戸のメーターボックス内に戸別に配置する方法（図2）、もう一方は、地上レベルにまとめて設置された各戸のメーターを経由し、各々の住戸に配管する方法である（図3）。一般の個別のメーターを床面に埋め込むよう並べる方法もあるが、コンパクトにまとめられた専用の複式メーターボックスもある。

　必要となる配管長さが短いことから戸別配置型が経済的といわれることが多いが、各戸にメーターボックスが必要となるので、そのスペースの確保が困難な厳しいプランニングを求められる場合には集中配置型が有用だ。また戸数が少なく低層の集合住宅では、集中配置型のほうがコストを抑えられることもあるので、プロジェクトごとに設備設計者と入念に検討したい。

　また4階建て以上では、各給水装置に適切な水圧を提供するために給水増圧ポンプが必要とされている。ポンプの設置スペースと配管ルートを初期の段階で確認しておくことと、4階以上でも敷地前面の本管の水圧によっては増圧ポンプを必要としない場合もあるので、本管水圧について、水道局に確認の依頼をしておきたい。

※1：給水メーター
メーターボックス内に納められた給水メーター。メーターが収納されたボックスに給水管が貫通する。

図1　メーターボックスの蓋色
一般的なものは青であるが、周囲と合わせにくいケースがほとんどで、耐えがたい。ステンレスや黒色の蓋などの使用が可能かを水道局で確認しておくとよい。

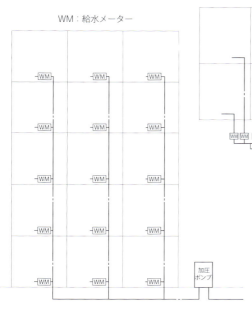

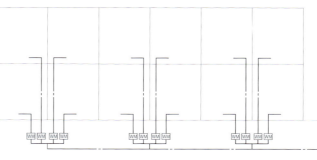

図3　系統図（集中配置型）
地上に設置されたメーターから各戸専用の給水管が各々住戸まで配管されるので、「戸別配置型」とする場合と比べると配管長さが長くなるが、メーターボックスを設けなくて済む。高層建物では現実的ではない。

図2　系統図（戸別配置型）
この図では、地上で3本に分岐した給水管は、各々が5戸分の給水をまかなう。1本が複数の住戸分を兼用するので、「集中配置型」とする場合と比べるとトータルの配管長さは短くて済むが、住戸に隣接してメーターボックスを設けなければならない。

図4　小規模集合住宅における給水メーターの集中配置型の例
4戸の集合住宅なので隣地境界線と建物の間の隙間に4つのメーターを並べている。

1.6 都市ガスメーターの位置を検討する

●ガスメーターの位置と隠し方

　都市ガスのメーターは、配置や配管系統など給水メーターと似ている点が多い。前面道路の本管から地中で敷地内に引き込み、配管によって建物内に供給される。メーターの配置についても給水に準じて考えて差し支えない。大きく異なる点は、水道メーターと比べて目立ちやすいことで、床面から2本のガス管が立ち上がり、メーター上部に接続するよう180度曲がって立ち下がる。やや大げさに見えるうえ、検針のためにも道路から近い位置に設置することが実際的なため、見た目が気になることが多い。また強地震時に安全機能が作動してガスの供給が一旦停止された際、住み手が復旧ボタンを長押しする必要がある。

　図1は、8戸の集合住宅で、配管ルートの都合で3戸のガスメーターを建物の脇に設置している。3つのガスメーターがまとまって設置されていることで、道路から眺めるとかなり目立つ状態となるが、開閉可能な目隠し扉をつけることで外観上はすっきりと見える。隣地境界線沿いに立つコンクリート塀と建物の外壁にこの目隠し扉の枠となるスチール製のフラットバーを取りつけ、ここに枠と同素材の角パイプをフレームとしてエキスパンドメタルを張った扉を取りつけている。エキスパンドメタルの衝立が立っているようなイメージで検針にも支障がない状態としている（図2、図3、図4）。

●インフラ引込みにかかる費用

　以上、電気・給排水・ガスについて、インフラの引込みとメーター設置などを概観したが、計画時にはインフラの引込みにかかる費用についても確認しておく必要がある。とくに集合住宅で戸数が多い場合には、全体工事費に対しても無視できないほど多額になる。

都市ガス：費用がかからないことがほとんどであるが、私道を経由して長い距離を引き込む場合など、状況により有料となることもある。

給水：東京都は無料だが、その他の自治体では「水道加入金」などが必要となることが多い。引込みの口径によって料金が変わることが多く、すでに敷地内に引込み済みの配管を口径の大きな配管に引き込み直す際には、その差額が請求される場合もある。水道加入金については自治体により異なるので、そのつど確認が必要である。

排水：新規の引込みには工事費がかかり、前面道路の本管から敷地までの距離が費用に反映される。前面道路が広い場合で、かつ本管が敷地と反対側に位置しているときは高額となる。

電気：無料。

図1 集合住宅の1階
目隠し扉は、アプローチの門扉と同材でいずれも製作している。

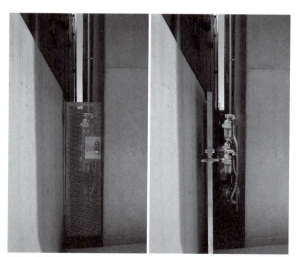

図2 目隠し扉を閉めた状態　　図3 目隠し扉を開けた状態

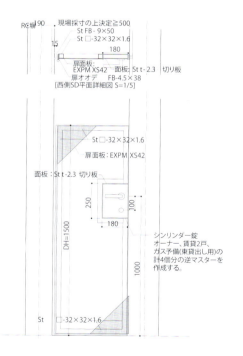

図4 目隠し扉詳細図

1.7 LPガス設備の隠し方をデザインする

　都市ガスが供給されていないエリアでは、LPガスによってガスを供給することになる。LPガスは、液化石油ガス（liquefied petroleum gas）の略で、都市ガスとは主原料や性質が異なる別のガスであり、輸入元も異なる。LPガスは、液化が容易で可搬性があり、都市インフラに依存しない点から、災害時に強いエネルギーともいわれている。

●ボンベの設置スペースと搬入ルートを確保する

　計画地に都市ガスの供給がなく、かつガスの使用が求められる建物では、ガスボンベの設置スペースと、道路からの搬入ルートを確保しながらプランニングする必要がある。都市ガスを利用する場合と比べると、プランに大きく影響するので注意が必要だ。ボンベのサイズはおおむね直径300mm×高さ1m前後で、常時2本設置できるようスペースを確保する。ボンベの搬入には最低でも幅60cmほどの通路を設けることが望ましく、エアコンの室外機など搬入の障害となるものが置かれないことが前提だ。ボンベ自体相当の大きさでかなり目立つものなので、敷地内における配置や目隠しを工夫するなど、デザイン上でも影響が大きいものとして意識しておきたい。

●アプローチの衝立でボンベを隠す

　図1は、地方都市の中心部から距離をおいた小高い丘の上に建つ2世帯住宅である。もともと単世帯の住宅が建っていたが、2世帯で住むことを目的として建替えが計画された。決して狭小ではない敷地だが、求められる部屋数や面積、駐車台数が敷地に対して多く、すべてをこの土地にきれいに納めることに苦労を要した。この住宅地には都市ガスが供給されていないことから、計画当初からLPガスの使用が前提となっていたが、建物の裏手にボンベを設置するだけの十分なスペースも、またそこへアクセスする十分な幅の通路をとる余裕もない。必要室を納めることを優先すると、搬入にも問題のない、道路側の目立つ位置にボンベの設置スペースをとることが妥当だと判断した（図2）。

　1階玄関のアプローチの脇には、曲げ加工したコールテン鋼にリブをつけて自立させ、衝立を設けた（図3）。この衝立は、一段高い隣地の森の擁壁の圧迫感を緩和するだけでなく、LPガスのボンベの目隠しとしての役割も果たす。衝立に2つの役割を与えることで、わざわざ隠したような大袈裟な佇まいや、わざとらしさを払拭できた。時間を経た現在では、全体的にシンプルで暖かみのある外観のピロティに半ば独立したように錆色をした衝立がほどよいコントラストを保っている。

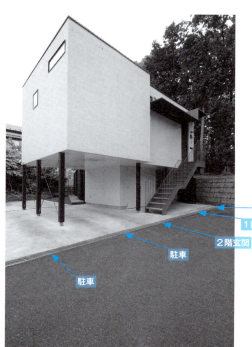

◉ ワンポイント解説
地方都市や郊外では、大人1人が1台ずつ車を所有することは珍しくない。2世帯住宅となると必要駐車台数も増え、LPガス使用の場合には、建物規模の割に多くの動線の整理が必要となる。

図1　道路より
人、車、ガスボンベの動線が敷地の間口いっぱいに並ぶ。

図2　1階平面図

図3　1階玄関前
1階レベルは隣地の擁壁がせまる。

1.8 排水枡の位置を検討する

●設備枡と集水方式をすっきりさせる

　集合住宅の場合、何台分かの車庫や自走路を計画することになる。一方地中には上下水配管や7階建以上の建物ならば非常用放水設備の専用配管などが走るため、それらの点検枡やバルブユニット枡、メンテナンス用のハンドホールなどが舗装面に現れてくる。これらは定期点検時に駐車車両で邪魔されないよう、図1のように、駐車区画外の自走路脇にまとめることをあらかじめ念頭において計画を進めるとよいだろう。また車庫を含む敷地内外構、とくに舗装面の集水方式や雨水枡の位置については、全体デザインの着手前にしっかり考えておくこと。これらの計画は得てして地味な作業であるので、建物本体のデザインの後手にまわしがちなのだが、経路上に枡が表れ歩行に支障をきたしたり、意匠的にすっきりしないことを回避するためにも、このことは重要である。

　この事例では、透水性アスファルト舗装面の割れ誘発目地のカッター溝と風除室足元のガーデン・アッパーライトを目安に、歩きやすく雨の溜まらないアプローチゾーンを設けている。実際にはここに8台の自家用車が停められるため、車両の隙間からアプローチゾーンに向かって背の低いガーデンライトで地面をやさしく照らすよう工夫してある（図2）。

●枡の設置とすっきりデザイン

　地表に表れる集水枡・格子枡の姿は枡蓋のサイズであるのだが、枡本体は重量対応のものだとコンクリートのプレキャスト製であり、その外寸は蓋よりもさらに大きい。したがって敷地境界いっぱいに寄せたとしても駐車車両のタイヤが乗ってしまい、車庫入れのたびに鋳鉄製の蓋が軋むことによる騒音クレームや、軋むことで蓋のさびを促進させる要因にもなる。また車庫には区画線（通常は白線だが、この事例では赤舗装線にしてある）や輪止めを設置するだろうが、これらとの取合いも図3のように図面上で検討するとなおよい。車両や人の乗らない場所に設置したり、集水容量が小さくてよい場合は、本体・格子蓋とも樹脂製の小さなものでも対応できる。さらにこれらをデザイン上すっきり納めたい場合は、例えば図3のように舗装面の水下レベルよりさらに20〜40mm下げて格子枡を設置し、その上を大きめの玉砂利か砕石で覆うとよい。ただし格子の穴から落下しないサイズの石を選ぶ。またこれは、屋根からの雨水縦樋を植込み客土やU字溝に直接吐出させると、大雨時等に泥はねを起こしたり騒音が発生するので、上記の方法を受けとして応用するとよいだろう。

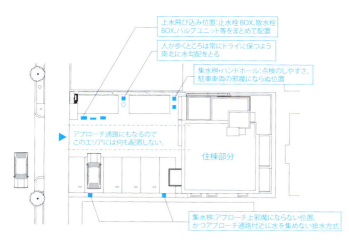

図1　外構の設備枡・集水方式について

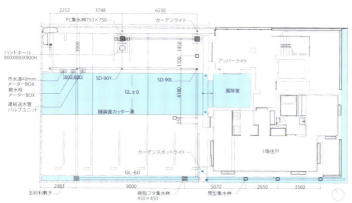

図3　外構設備のデザイン検討図
図中、南側隣地境界付近の樹脂フタ集水枡は、水下の舗装面高さから20〜40mm下げて据えられている。この上に砂利をかぶせることで枡の存在を消すことができる。ただし格子の目の粗さと砂利の大きさを勘案しないと、ボロボロと落下してしまうので注意。

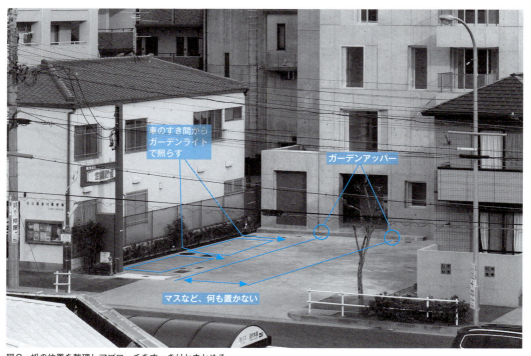

図2　枡の位置を整理しアプローチをすっきりとまとめる
中央のアプローチゾーンには何も現れていない。また舗装仕様は駐車区画と同一の透水性カラーアスファルトである。工事費用の関係で、もっともリーズナブルなかたちで利便性とメンテナンス性を考慮した。

第2章

生活デザインと電気設備

2.1 家具に分電盤を組み込む

　1章では、都市インフラを計画敷地へ引き込み、メーターを経由して建物へ接続するあたりまでの内容を述べた。本章では意匠設計においてより注意を払うべき電気設備の細かな点について触れていきたい。
　住宅に設置される分電盤には電灯分電盤と情報分電盤がある。電灯分電盤は照明やコンセントなどの回路を分岐し、電気を安全に使用するためのブレーカーがまとめられている盤である。情報分電盤は「弱電盤」とも呼ばれ、テレビ・電話・インターネットなどの使用に必要な配線やハブなどの機器を集約した盤である。情報分電盤は必ずしも必要ではないが、設置をすることでメンテナンスや将来の配線の変更などが容易になる。

●電灯分電盤と情報分電盤とルーターの設置場所を決める

　電灯分電盤と情報分電盤は日常的に使用するものではないが、その設置場所は重要だ。プランによっていくつか選択肢が見いだされ、戸建て住宅であれば住み手によってこだわりがある場合もあるので、設計段階で打合せをしておきたい[※1]。電灯分電盤はブレーカーが落ちた際の復旧に都合のよい場所へ、情報分電盤は隣接して置かれるルーターその他の機器が置きやすい場所に設置されなければならない。なお、賃貸集合住宅の場合には、空室時の内見のたびにブレーカーの入切をすることが多く、その利便性を考慮して玄関から近い場所に設置するとよい。いずれの場合も意匠上、目立たない場所に設置するべきと考える。

●分電盤を家具内に納める

　下駄箱や物入れ、クローゼットなどで幅約600mm以上の収納家具は、分電盤の設置に適している。電灯分電盤に関しては、幹線と住宅内のすべての回路が集中して接続されるため、収納内にEPSを設けやすいというメリットもある。図1の集合住宅では、住戸の中央に収納家具とクローゼットを集約し、これをコアとして居室や寝室を配置している。収納家具の内部には電灯分電盤と情報分電盤を納めているが（図2）、天井がコンクリート打放しで配線のための天井ふところがないため、背面のクローゼット内にEPSを設けて幹線ルートを設け、電灯分電盤に接続している（図3）。情報分電盤の下には、ルーターや無線ルーターなどある程度の機器を置けるよう可動棚板を設け、収納全体の奥行きもそれらが余裕を持って置かれることを前提に決定されている（図4）。玄関から近い位置に設置してあるので、入居者の内見にも都合がよい。
　なお、分電盤には蓋つきのものが多いので、収納する場合には、蓋の開閉に支障がないかを確認したうえで設置場所を決定していきたい。

※1：分電盤の設置場所
一般に分電盤が配置される場所としては、ユニットバス出入口の上部やトイレ、ウォークインクローゼット、納戸が多い。これは分電盤に集中する配線を処理するのに都合がよい天井ふところのスペースを確保しやすいことが理由である。こうした前提をふまえてデザインを損なわない位置に設置してほしい。

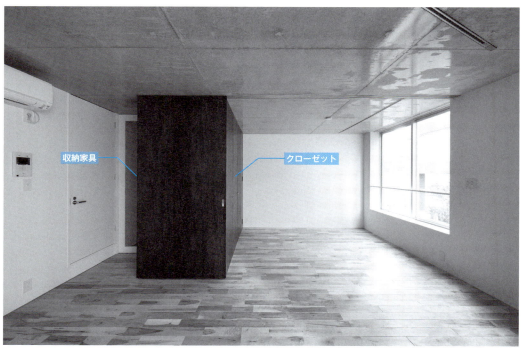

図1　集合住宅の住戸

図2　分電盤を組み込んだ収納家具

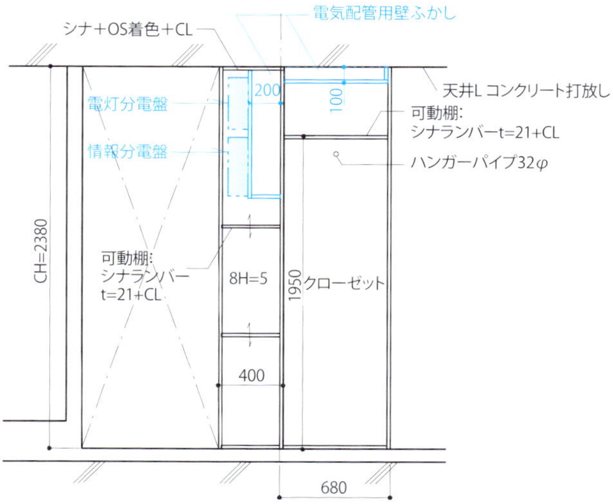

図4　収納家具＋クローゼット断面図

図3　クローゼット内部

2.2 空間デザインを邪魔しないスイッチプレート

●空間の成り立ちから考える

空間のデザインを考える時には、壁や天井、床、幅木、内部建具や枠、サッシ、家具、階段などの造作を空間をつくる要素として位置づける。これらと並んで照明器具の形状やサイズ、人工光の照度分布・色温度もライフスタイルに合わせて考えるべき主要な要素だ。最後に意識される（することになる）スイッチプレートやコンセントプレートにも、空間を邪魔しないよう配置や素材・色について気を遣っていきたい。アイストップになりにくい場所に配置し、壁などの仕上げにそぐわない色や素材を避け、シンプルな形状を選ぶとよいだろう。

●取付面にプレートを同化させる

図1は、地方都市に建つ住宅だ。敷地は北側道路のみに接道し、その他は隣地の建物に囲まれている。南側隣地の2つの建物の隙間からわずかに自然光が差し込む。この隙間を延長するように建物の中央に3層吹抜けの土間を貫通させ、土間に隣接する諸室に自然光を振り分けるような構成だ。この土間の壁面は、黒に染色されたシナ合板で仕上げられ、その他の室は白色に塗装されている。ここによく見かけるアイボリー色のコンセントやスイッチを取りつけることは堪え難く、壁の色に馴染ませることでプレートの存在をできるだけ消すことが理想と思えた。仕上げの色に合わせた黒色で、縁もピン角のプレートを選定し、シナ合板の割付けに対して違和感のない位置に取りつけた。その他の白色に塗装された壁面には色違いの白色のプレートを取りつけ、住宅全体に渡ってプレートの存在を可能な限り消すよう心がけている。

図2は、外断熱を施した集合住宅の一つの住戸である。外断熱とすることで、外壁面の室内側に仕上げは不要となり、コンクリート壁はすべて打放し仕上げとした。間仕切り壁は乾式の下地にプラスターボードを張り、白色のクロス張りを基本としている。コンクリート面にはグレーのプレートを、クロス面には白色のプレートを取りつけ、照明器具やライティングレールの色も取りつけ面の色によって同様の選定をしている。

コンクリート面に取りつけるコンセントやスイッチは、コンクリートの打設前にすべて位置を決定しておかなければならない。着工して間もなく躯体図が出来上がり、下階から順にワンフロア3〜4週間のペースで、コンクリートの打設が進む。内装工事に入るずっと前の段階でインテリアのほとんどすべてが決まると考えてよい。

図1　吹抜けの土間
壁はシナ合板＋OSふきとり＋CL

図3　ピン角プレートと金属製プレート
プレートの角がピン角で、なおかつスイッチがシンプルな形状のものを選定することでインテリアデザインに馴染むこともある。
また、スイッチプレートやコンセントプレートは樹脂製のものが使用されることが多いが、シルバー色や質感を求める場合には金属製のプレートを用いる。

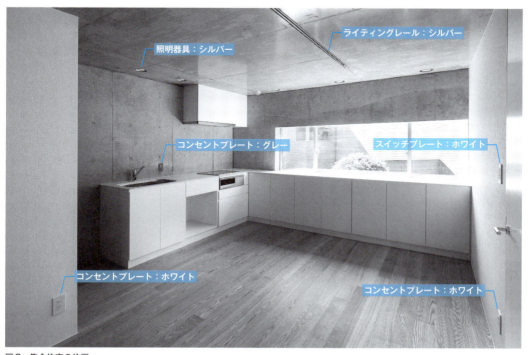

図2　集合住宅の住戸
コンクリート打放し面と白色クロス張り面で器具の色を使い分ける。

電気設備

2.3 生活所作に寄り添う電源・スイッチパネル

●スイッチパネルの高さと位置は展開図で検討する

　照明用スイッチパネルの高さは、使いやすさ優先なのであまりデザイン上凝る必要はないのだが、床面から1,050〜1,250mmの範囲にあれば支障がないといえる。また高齢者や子どもに配慮する場合は、ドアハンドルや引き手の高さと合わせ、900〜1,100mmの範囲で考えてもよいだろう。部分的な特殊な事情を除き、住宅内全体で床上高さを統一させると使用上違和感が出ない。ビデオモニタつきインターホン子機や給湯器操作パネル、床暖房コントローラや浴室乾燥機操作パネルなどは、画面やインジケーターがあるため、より目の位置に近い高さに設置するほうが腰を屈めず操作できる。またこれを照明用スイッチの上に並べて設置することで、幅をとらず合理的かつすっきりと納まる。

　配置位置については、開口の袖から100〜200mm程度の位置にあると便利である。扉や引き戸の有無に限らず、開口部は居室の出入り口であるので、自ずと生活動線になるから、用いる部屋の照明は、その部屋の開口付近（扉ならラッチ側、引き戸なら引き手側）に配置されていることが使いやすさの基本となる（**図1**）。またこれらの詳細な位置検討は、**図2**のような展開図上にプロットしていくとよい。例えば袖幅の短い壁では、横中央の位置がデザイン上安定することや、キッチン空間のタイル壁面では、目地通りに対して芯合わせしたほうがスッキリ見える。施工現場任せにせず、展開図作成の段階で十分配慮しておくことをお勧めする。

●コンセント位置は家電コードの末端を考える

　コンセントの床上高さは、**図3**のような基準があるが、その理由を理解しさえすれば、さまざまな箇所への応用がきく。例えば洗面室では、ドライヤー用にコンセントが必要になるが、カウンタートップにあまり近いと物が置きづらくなるし、シェーバー等のタップオン型アダプターを用いることを考えると天板と接触しない程度は離さなければならない。**図4**のカウンタートップは幅が広く、多目的な使い方を想定しているため、机上250mmの位置に2カ所、床上250mmに2カ所配置してある。**図2**の洗濯機置き場のコンセントでは、洗濯乾燥タイプの大型洗濯機に対応させたり、将来的に機器が大型化しても問題ないよう、基準より少し高めに設置したほうがよいだろう。また家具幅木やフロアコンセントなど特殊なものを使う際は、それにどんな家電製品がどうつながるかを十分検討する余地がある。設置位置についてとくに注意が必要なのは掃除機用コンセントで、家庭用掃除機のコード長さ（約4〜5m）と、一度に掃除できる部屋・通路の範囲を考慮し、不足なく設置位置を考えるとよい。部屋の場合は家具に絡まない場所を選ぶ。また図1のような通路のコーナーなどにあると、一度に2エリア同時に掃除でき便利である。

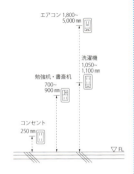

図3　コンセントパネルの設置高さ基準

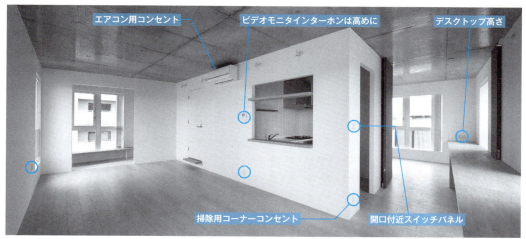

図1　生活所作に寄り添うべく設備パネル類を配置する

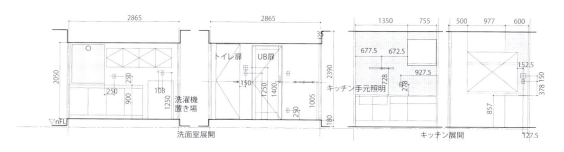

図2　室内展開図を用いた設備パネル類の配置検討

図4　多目的ワークトップを支える複合パネル

2.4 生活動線からスイッチ回路をレイアウトする

●「居室は中に、それ以外は外に」を基本に

　戸建て住宅のような小規模建築の設計では、設備設計者を介さないことが多い。設備機器は既製品がほとんどなので、製品仕様を調べて納め方を考えればよいが、案外悩むのが照明機器とそのスイッチの配置である。基本としては、居室の出入口付近や、間取りから推察される生活動線に寄り添う位置におき、扉付近に配置する場合はハンドル側や引き戸の引き手側にあれば問題ない。また居室は「居ながら点灯、居ながら消灯」できるよう居室内に設置し、トイレや洗面室、納戸といった長時間使わない空間では、「入室前に点灯、退室後に消灯」であるから、外側の壁面に設置する。ただし窓なしの扉だと外から在室かどうか、消灯し忘れていないかどうか確認できないので、上部に小さな明かり採りをつけたり、扉下端をアンダーカットしておくとよい。

　これらの検討は、図1に示すコンセント・スイッチ・電灯等の設備記号の凡例を用い、平面図に描き加えて検討するとよい。図2の平面図を用い、各室を不都合なく夜間帰宅・夜間利用できるかをシミュレーションしてみる。玄関ホール照明については、夜間帰宅の際に暗闇でもわかりやすいように玄関扉により近い場所にスイッチを設けている。トイレA・Bの照明は、夜間使用時等、廊下を消灯したままでも対応できるよう、暗闇でもスイッチ位置をLEDで示す「パイロット型スイッチ」としている。またリビング・ダイニングや寝室は、2カ所の出入口があるため、そのどちらから入室・退室しても操作が可能なよう、3路スイッチとしている。

　またパイロット型スイッチは、以下に該当するケースで用いると合理的である。
　○居室外照明…離れた場所、見えない場所の点灯・消灯が判別しやすい
　○調光ユニット使用時…最暗時に点灯・消灯の判別がしやすい
　○複数スイッチ使用時…居室内の主要な照明スイッチがどれか消灯したままでもわかる

●3路4路スイッチと無段階調光ユニット

　3路スイッチとは、2カ所のスイッチでひとつの照明回路を操作できる点が便利であり、各階をつなぐ階段室の照明をコントロールする場合にも有効だ。図2の事例ではこの3路回路の片側に調光器を用いており、壁付ブラケットライト（ハロゲン球スポットライト）の明るさを調整できるようにしている。非インバータ方式の照明機器ではこうした無段階調光ユニットをスイッチパネル内に組み込むことが可能だが、3路以上の回路でこれを用いたい場合は、主要な1カ所のみでしか調光はできないため、メインで使う箇所に設けるとよい。

図1　コンセント・スイッチ・電灯等設備記号
建築計画・デザイン検討上で使う設備記号は、ざっとこの程度知っていればよい。記号の大まかな判別方法としては、壁つけのもの、例えばブラケットライトなどは、壁側に黒い塗りつぶしを施す。コンセントの口数指定は、コンセント記号に「2」や「3」と添え字をする。照明スイッチは黒いドットで示すが、3路回路の指示は「3」と添え字をする。

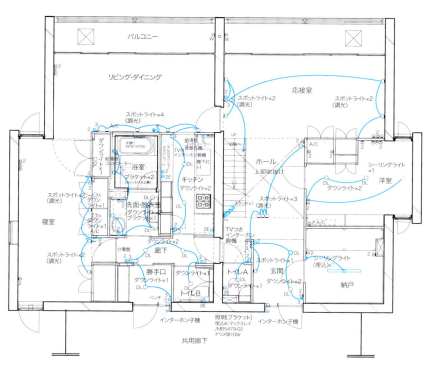

図2 スイッチ・電灯等電気設備回路指示図
スイッチと設備機器類を回路線でつないで示すとわかりやすい。またコンセントやTVアウトレットの位置も合わせて記入することで、各居室の使い方や家具調度品の配置をイメージしやすい。またRC打放し壁へのブラケット照明の取りつけは、打設後の位置変更ができないので、取りつけ位置・高さを明確に示しておく必要がある。

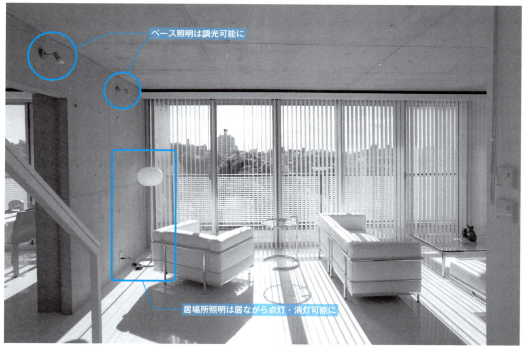

図3 図2の調光可能なハロゲン球スポットライト
RC打放し天井や壁を間接的に照らし、あくまでベース照明として存在する。夜間の手元灯はソファ脇のフロアスタンドにて落ち着く照明環境をつくる。

2.5 弱電設備の系統図を描く

●弱電設備の系統図を描く

　設備設計では系統図を描くことで、配管ルートやメーターの位置など建物全体の概略を把握する。系統図は、各階の給排水衛生設備、空調換気設備、ガス設備、電灯設備、弱電設備など平面図的な視点ではなく、ラフでありながらも建物全体を把握しやすい断面的な視点から描かれたもので、施工期間中においてもしばしばこの系統図に立ち返って検討を重ねて工事が進められる。戸建て住宅の設計においても例外ではなく、系統図を描いたほうがよいこともあり、とくに弱電設備の系統図を作成することを推奨する。電話・テレビ・LANなどサービスが複雑化する通信設備について、施工者だけではなく、長年にわたり使用していく住み手にも概略を把握しやすい図面を提供することができる。

●木造住宅とRC住宅における注意点

　図1は戸建て住宅の弱電系統図で、電話・テレビ・LAN・インターホン・警備会社によるセキュリティの情報が描かれている。光ケーブルを建物に引き込み、ルーターを経由して電話×1カ所、LAN×5カ所、光テレビ×4カ所に配線されている。テレビについては将来的にアンテナ設置の可能性も考慮して、光テレビ・アンテナのどちらも利用できるよう、同軸ケーブルを2通りのルートで配線している。この住宅は木造であることから、無線ルーターを使用することで宅内全体をWiFi環境下におくことは可能だが、住み手が通信速度にこだわることもあり、必要箇所すべてにLAN配管[※1]されている。インターホンは、玄関子機と親機を実線で連絡し、その他の子機は無線とする。警備会社によるホームセキュリティに関しては、システムのメインとなるコントローラーをLANに接続することが好ましく（3G回線内蔵が主流となっているためLANなしでも可能だが）、玄関周辺の下駄箱内などコントローラーの設置場所をあらかじめ決めておき、LANと電源を配置しておく。なお、コントローラーと各種防犯センサー間は無線であることが一般的であるので、建物完成後にセキュリティ導入する場合でも容易に設置できる（図2）。

　図1の系統図からもわかるように、昨今の宅内の弱電設備には無線が多用されており、今後もこの傾向は強まると推測される。木造住宅であればほとんど支障がないと考えてよいが、RC造の場合には注意が必要である。コンクリートのスラブや壁は、電磁波の遮蔽性が高く、WiFiやインターホンの無線連絡ができない場合もある。RC住宅においては、インターネット使用のためのLAN配管を各室に設けることと、インターホンについては宅内設置用の中継アンテナを設置するかあるいは電源を用意して設置可能な状態にしておくことが望ましい（図3）。

※1：配管
電気設備についての「配管」とはCD管やPF管を配管しておくことで、LANケーブルや同軸ケーブルなどのケーブル類を将来にわたって自由に交換できることを目的としている。

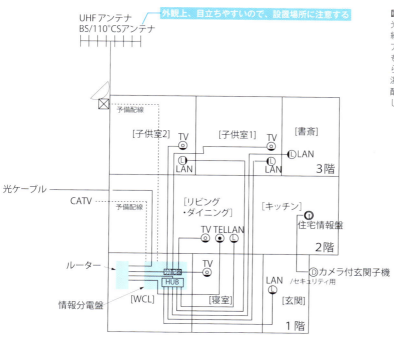

図1 弱電設備系統図
光テレビを利用した弱電設備系統図である。テレビについては、アンテナおよびケーブルテレビも利用できるよう予備線も備えられている。図の内容の他、給湯リモコンと給湯器を連絡する配線も弱電に分類されるが省略している。

図2 サッシに設置された防犯センサーと送信機
サッシ枠と障子の双方に開閉センサーが取り付けられ、送信機に接続される。送信機からコントローラーに開閉の状況が常時送信される。

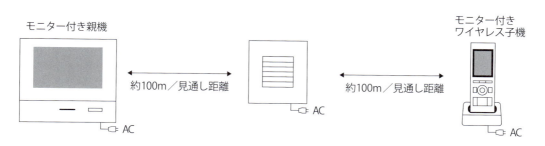

図3 ワイヤレス中継器を設置した場合の通達距離

2.6 多様化するアンテナ・受信設備とその納め方

●**受信方法とサービスの多様化**

テレビの受信方法は、大きく3つに分けられる。一つは電波を建物に設置したアンテナで受信する従来の方法で、地上波テレビ放送、BSテレビ放送、CSテレビ放送が提供される。その他には、ケーブルを用いた有線放送である「ケーブルテレビ」、そして光ケーブルを用いる「ひかりテレビ」があり、いずれも有料である。ケーブルテレビやひかりテレビは、テレビ放送の配信の他、インターネットやビデオ配信、電話などと組み合わせた複合的なサービスが提供されている。各々の受信方法のメリット、デメリットを整理し、設計段階で受信方法の選択について十分な打合せが必要だ。また、アンテナ受信では電波障害により受信不可となるケースもあるので、できれば竣工後、どの受信方法も容易に選択できる状態にしておくとよい。

●**集合住宅におけるアンテナ受信**

賃貸集合住宅においては、ランニングコストのかからないアンテナ受信が好まれることが多いが、電波障害による受信不良の問題やアンテナ設備が戸建て住宅よりは大掛かりになることから、デメリットもあることを覚えておきたい。

条例により定められた規模以上の集合住宅の設計の際には、事前に設計する建物が周囲に電波障害を生じさせないかどうかの調査を行わなければならない。調査は、実際の建設地で建物の外形を想定して、測定車を用いて行うので、計画する建物自体のアンテナ受信の可否についてもおおよそ把握することができる。この結果によりアンテナ受信が期待できる場合でも、アンテナが設置される屋上などができ上がる前に受信調査を行っておくことが重要である。

また屋上には、アンテナを支えるマストベースを設置するためのコンクリートの基礎が必要で、マストベースをアンカーで固定するためにも、平面・深さ共にある程度のサイズが必要となる（図1、図2）。図1のアンテナ基礎は760□×高さ580mmのコンクリートの塊であり、構造設計的にも無視できない荷重となるため、構造設計者には位置も含めて設計段階で情報を伝えておかなければならない（エアコン冷媒管などの屋上への配管ルートを確保するためのハト小屋をサイズアップして兼用することもある）。その他にも外観上目立たない位置に配置すること、屋上防水に干渉しないこと、アンテナから建物のEPSまでの配線ルートやアンテナ支持線の固定部の確保など細かな点にも意識しておきたい。

その他、避雷針の設置が必要な場合にもコンクリート基礎が必要となるので、設計段階で同様の準備をしておくとよいだろう（図3）。

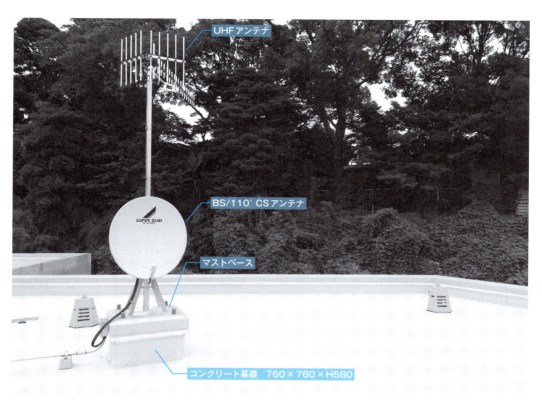

図1 集合住宅の屋上に設置されたアンテナ
コンクリート基礎は下階の壁にのるように配置されている。

図2 集合住宅の屋上に設置されたアンテナ
コンクリート基礎は梁にのせている。

図3 避雷針の基礎

電気設備

2.7 太陽光発電パネルを設置する

●太陽光発電の導入の前に

　太陽光発電とは、発電パネルを用いて太陽光を電力に変換する発電方式である。他の発電方式とは異なり設置場所に制限が少なく、可動部分がないことから故障も起きにくく、建物への設置も比較的容易である。

　住宅や集合住宅に太陽光発電パネルを設置する場合には、発電した電力は建物内で消費するか、あるいは発電量が消費量を上回る場合は電力会社に売電することが一般的で、近年では蓄電池の利用も増えはじめた。売電価格は建物ごとの発電量や設置時期により異なるので、売電を重視する場合には、売電価格とイニシャルコストとのバランスを確認する。また以前は国や地方公共団体から助成金を受けることができたが、蓄電池とHEMS[※1]と共に導入することが条件となっている（2016年現在）。

●太陽光発電パネルの設置のポイント

　太陽光パネルの設置場所は、発電効率を最大に近づけることが求められることから、日中の日射量をもっとも期待できる屋根面が多く、万が一の落下を回避する理由から壁面にはほとんど設置されない。理想とされる方位は真南だが、設置角度については緯度によって異なる。年間で最大の日射量を得られる傾斜角を年間最適傾斜角といい、国内では10～40度と言われている。設置の際には、メーカーに計画地を伝えて年間最適傾斜角を確認するとよい[※2]（図1）。

　RC造の集合住宅、陸屋根に設置する一例を挙げる。建物の向きによってわずかに南からはずれた向きに、年間最適傾斜角に近い角度で設置した。パネルを固定するための鉄骨のフレームを屋根スラブと一体で打設したコンクリートの基礎にセットしている（図2、図3）。テレビアンテナと同様、防水には干渉せず、建物周辺から見えないよう、あるいは見え方を考慮して設置場所や向きを決めたい。発電された電力を送電する配線ルートも合わせて確認しておくこと。また、これらの総重量と適切な基礎の配置については、設計段階から構造設計者と摺り合わせておく必要がある。とくにコンクリート基礎は、それ自体の荷重が大きいので確認申請後に太陽光発電を設置することになると、構造設計の変更とみなされ、計画変更申請となることもあるので注意しておきたい。

　太陽光パネルで発電した直流電流を利用するためには、パワーコンディショナーで交流に変換しなければならない。パワーコンディショナーは、電力を計測・制御する役割も担い、設置場所については完全な屋内が条件となる商品もあるので、設置条件を確認しておくこと。

　なお、集合住宅においては発電された電力は共用部のみに使用されることがほとんどなので、共用部の消費電力を抑えるよう照明計画などを行えば売電も比較的容易だ。

※1：HEMS
ホームエネルギー・マネージメントシステム（Home Energy Management System）の略で、家庭で使用する電気やガスの使用状況をモニターで確認ができ、家電などの自動制御機能も備える。エネルギー使用の節約を促すのが目的。

※2
最適な角度や向きから多少ずれたことで発電量が著しく減ることはないので、屋根形状や向きに対して無理なく計画すればよい（図1）。

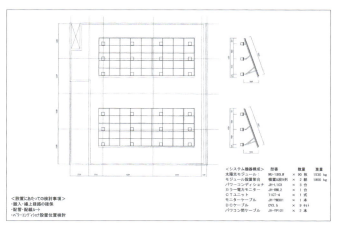

図1 太陽光パネルの配置計画
太陽光パネルの設置業者との打合せでは、建物の形状に合わせて最適な配置計画について打合せを行い、平行して設置のための基礎の形状や間隔などを構造設計者と共に整理するとよい。パネルの設置のためのフレームは基礎に緊結されるので、基礎の間隔によってフレームの断面サイズなども決まる。

図2 太陽光パネル設置前の状態

図3 太陽光パネル設置後の状態

2.8 インターホンプレートを製作する

●インターホンの役割と適正な配置

　住宅の玄関にはカメラつきインターホンが取りつけられることが多く、来客時には屋内でモニターつき親機で映像を見ながら対応する。録画機能によって留守時の来訪者を帰宅後に確認することもでき、今や一般化されているといってよい。さらに集合住宅では、共用エントランスのオートロックとインターホンを組み合わせ、来訪者を確認したうえで室内から解錠するシステムを用いることが多い。インターホンは単なる来客時の応対のためだけではなく、防犯対策としての役割も果たすようになっている。

　カメラつきインターホンは、門扉の脇や玄関ドアの脇に、床から1,400mm前後の高さに設置するのが標準で、この高さは訪問者の顔の撮影や会話をする際のマイクやスピーカーの高さとして都合がよい。また、玄関回りには表札や郵便ポスト、新聞受け、傘掛け、ブラケット照明など他にもいくつかの要素がまとめて取りつけられるため、これらをていねいにレイアウトし、美しい玄関回りをデザインしたい。とはいえ、メーカーで製作されたインターホンは見た目が美しいものとは限らない。表札を兼ねたインターホンカバーを製作することで、玄関回りの要素を減らしシンプルな外観デザインとしたい。

●表札を兼ねたインターホンプレートを製作する

　図1は、インターホンを壁面に埋め込み、ステンレス板で製作したプレートを壁面と同面になるように納めた例である。コンクリートの壁面に取りつける場合には、躯体の打設前に欠込みの大きさを入念に打合せをしておかなければならない。忘れがちなのはインターホンを取りつけるためのボックスの厚みで、とくに壁式構造では玄関脇など開口部脇の壁は端部補強筋で鉄筋が密集するため、打込みボックスが入らないことが多い。取りつける壁面の壁長（平面的な長さ）に余裕を持たせて設計をするとよいが、どうしても余裕がないときには図2のようにインターホンボックスを製作することで躯体欠込みをなくすことも可能であるが、多用は避けたい。

　図3は木造住宅における例である。外壁の防水紙を凹みに巻き込み、防水上の破綻がないよう気をつける。RC壁と比べると複雑になるので詳細図を描き、大工や電気工事業者とのていねいな打合せが求められる。

　図4は、プレートにはエッチングやレーザー彫刻でレタリングして表札も兼ねて、これをマグネットで取りつけることでビスなど余計なものが表れないようにしている。

図1　RC造集合住宅の共用廊下
住戸数分のインターホンが表れるので、シンプルに面一に納める。

図2　インターホンボックス

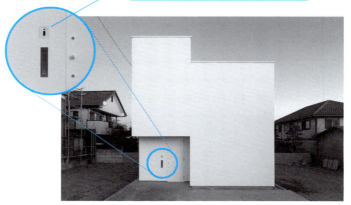

SUSプレートに外壁と同色の焼付塗装とする

図3　木造戸建て住宅のインターホン

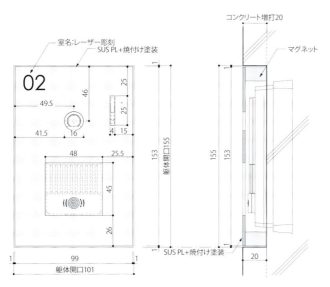

図4　インターホンプレート詳細図
プレートはマグネットを利用することで脱着可能。調整やメンテナンスにも支障はない。

2.9 明るさのモードをデザインする

●「物理的照度」と「明るさ感」は違う

　生活に必要な物理的な照度は、図1に示す住宅におけるJIS照度基準から割り出すことができるため、用いる照明機器の性能に応じて、設置個数や仕様を決めていけばよい。また照度の操作における基本的な考え方としては図2および図3に示すとおりである。しかし同じ照度でも、明るく感じたり、暗く感じることがある。

　この「明るさ感」は、何に起因して起こるのかを、簡単なモデルで解説すると図4のようになる。居室内での机上面照度が同じであっても、壁が明るいと余計明るさ感は増す。これは照明機器から投じられる光の投射範囲が広いか、設置位置が壁寄りか、もしくは明るい色の壁にしてあるかでも明るさ感は増すことになる。また同様に、床をいくら明るく照らしても、暗い色の床材を使っていたり、床自体がダーク調の家具や生活雑貨で埋め尽くされてしまえば、さらに明るさ感は低下するということである。

　この原理は、机上作業や食事のシーンのタスク照明をバックグラウンドで補完するアンビエント照明[※1]のデザインに活用されたい。全体的にムーディーな室内にしたければ、無理に明るさ感を上げる必要はないし、光源の色温度にも注意を払うと、暖かさ・清潔さ等の明かりの質をコントロールできる。

●「タスク照明」でつくる明るさの多様性

　一般的な住宅で使う照明の種類は多岐にわたり[※2]、これらの多くは上記でいうタスク照明であり、生活行為のそれぞれのシーンで適切に機能するよう設置されることが望ましい。ところで、こだわりの住宅を建築デザイナーに依頼するクライアントは、家具や照明機器選びにも肥えた目を持っており、それらを上手に使いこなす「生活力」に富んでいる。われわれ建築の設計者は、そうした生活力を影ながらサポートすべく、必要だと思われるタスク照明の位置や高さを事前に調べ、必要な電源コンセントの量や配置を含め、計画に反映していってもよいだろう。

　図6の住宅では、各階とも天井が高いため、アンビエント照明では必要照度が確保できないのだが、ベースを暗くし、各居室の中心性を薄め、フロアスタンドによって子どものコーナーを照らしたり、やや低めに下ろしたペンダントライトで団らんのムードをつくっている。3階の寝室は天井面を間接照明でやさしく落ち着きのある空間にしている。階段室の壁には16灯の首振りスポットライトがあるが、これも照射位置や局所入切をすることで、生活動線を多目的に使うこともできる。

※1：アンビエント照明
所作空間の周辺環境、すなわち壁・床・天井面を照らす照明のことをさす。対してタスク照明とは、机上面や手元の直視物を照らす照明のことをいう。

※2：照明の種類
外構に現れるものとしては、ポーチライト、ガーデンライト、門灯がある。室内ではブラケットライト、シーリングライト、ダウンライト、スポットライト、足元灯、フロアスタンド、卓上スタンド、シャンデリアなどがある。

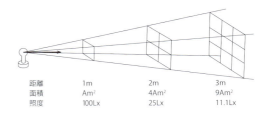

距離	1m	2m	3m
面積	Am²	4Am²	9Am²
照度	100Lx	25Lx	11.1Lx

図2　照度は距離の二乗に反比例する

図1　JIS Z 9110 住宅環境の照度基準より抜粋

中心視野を使った読書や作業の際の手元照度（最低750lx）や、周辺視野での家族間コミュニケーションなどを考慮した食卓での明るさ（最低250lx）がひとつのわかりやすい目安となる。なお玄関先や外部アプローチの足元灯などは10lxもあれば明るいと感じる。あまり明るい屋外灯は、都市部などではかえって近所迷惑になる可能性もある。

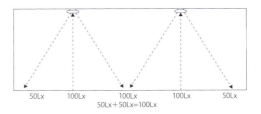

図3　照度は加算される

図4　「明るさ感」の違い

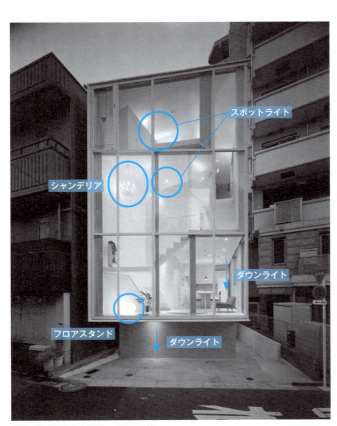

図5　照明機器による明るさの多様性

2.10 照明・感知器をプロットする

●RC打ち放し天井面への割りつけ

　ペンダントライトや引掛けシーリング、ダウンライトや熱感知器など、天井にも多くの設備機器類が現れるが、照明効率からいうと、取りつけ位置は居室の中心がよいし、感知器も部屋の中心に近いほど火災時の熱感知の確実さは増す。どちらを優先すべきかに決まりはないが、感知器の位置については所轄消防署により設置指導を受け、十分検討するとよい。一方、それらの天井からの突起物に対して意匠上の観点からみると、据わりのよい位置を検討したくなるのはデザイナーの性であろう。とくに断熱不要のRC打ち放しの天井面では、セキ板（コンクリート打設時の型枠板）の切れ目が小気味よいリズムを持っているので、それに芯を揃えたり、センタリングさせるなどしてすっきり見せたい。図1は天井面のRC型枠の割りつけ指示図に引掛けシーリングと感知器をプロットしたものである。仕上げ天井と違い、打放し天井の場合は、躯体打設時に配管や打込みボックスの位置を検討しておく必要がある。筆者がいつも行う方法としては、図1の各箇所に示す通り、セキ板端に芯合わせか、セキ板の縦横中央揃えのいずれかであるが、報知器の場合、消防法ならびに所轄消防署の指導にもとづき、壁や空調機器からの離隔距離や、垂れ壁・梁等によって生じる感知区画を考慮し検討する[※1]。またこの際は、先行配管の位置を間違えて打設してしまわぬよう、コンクリート打設前の型枠チェック時には現場監理の徹底を図る。これらは打設後の修正がきわめて困難あるいは不可能なので、竣工時の消防検査で是正指摘を受けたとしても取り返しがつかない。その点、自動火災報知設備を要さない小規模集合住宅や戸建て住宅では、電池式の感知器が使えるため先行配管は不要であるし、壁面取りつけのものを使えば仕上げ内で位置の再調整も可能である。

●「場のスパイス」としての天井照明

　図2、図3は、図1の事例での他階の住戸の玄関・ペットスペースである。手前の開放間仕切りは、来客時などにおいて玄関から居室内のプライバシーを守る役割もあるが、ペットの居場所空間としてしつらえてある。床は25㎜□のモザイクタイル仕上げとしてあり、もしもの場合に水洗いが可能である。またベンチはペットと共生する際のコミュニケーションツールとして機能する。この空間は、来客対応時やペットの世話等にしか照明を必要としないが、図2のようにシャンデリア照明等を下げ、点灯・消灯にかかわらず、場のスパイスとして用い、狭いスペースを彩ることを考えた。場の彩りであるから、あえて開口や背後の窓に芯合わせをせず、意図的に絵になる配置にしてある。

※1：消防法
消防法による火災報知器設置位置基準の一部抜粋
○壁面離隔距離：
　熱感知器…400㎜以上
　煙感知器…600㎜以上
○設備機器離隔距離：空調機器、換気ファン等の吹き出し口から1500㎜以上
○天井面離隔距離：壁面設置の際は、天井面から150〜500㎜以内
○600㎜以上の梁・垂れ壁がある場合、独立した感知区画となり個別に必要

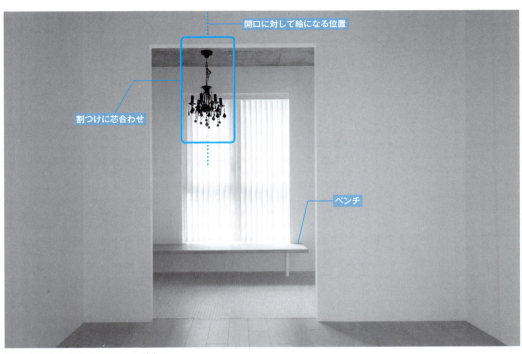

図2 場のスパイスとしてのシャンデリア

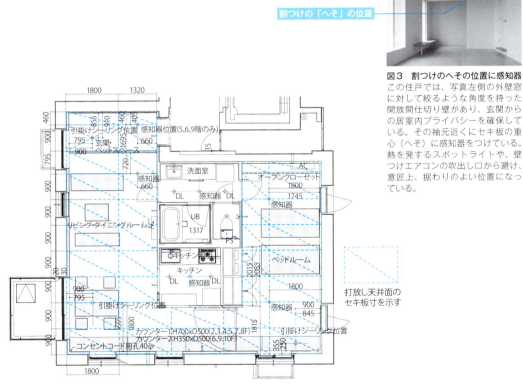

図3 割つけのへその位置に感知器

この住戸では、写真左側の外壁窓に対して絞るような角度を持った開放間仕切り壁があり、玄関からの居室内プライバシーを確保している。その袖元近くにセキ板の重心（へそ）に感知器をつけている。熱を発するスポットライトや、壁つけエアコンの吹出し口から避け、意匠上、据わりのよい位置になっている。

図1 天井型枠の割付けと照明・報知器の位置

2.11 電気設備をすっきり躯体に埋め込む

●機器類の設置の基本はていねいなレイアウトから

　建物には、多くの電気設備機器が設置される。照明器具、非常用照明、給湯リモコン、エレベーターのインジケーターや非常時のインターホン、集合玄関機、ライティングダクト、自動火災報知設備の総合盤など、一つの建物をつくり上げるまでに、これらの設置について時間をかけて確認する。デザインの邪魔にならないよう機器類を設置するためには、まず取りつけ面に対してていねいにレイアウトを行う。設備図では大きさや形状を伴わない記号的な表現をとらざるを得ないので、意匠図では展開図や天井伏図に正確な大きさで落とし込むことが肝要である。とくに集合住宅では規模が大きくなるにつれ必要な機器が増えるので、すべての機器をピックアップしてまとめてレイアウトするとよい。

●すべての機器を取りつけ面に面一で納める

　さらにもう一段美しく仕上げるために、すべての機器を取りつけ面に面一（つらいち）で納める方法を挙げる。バラバラな事物に「面一」という一つのシンプルなルールを徹底していくイメージだ。ルールはシンプルだが、機器の厚みはさまざまで、設置条件は使い勝手や施工方法によって多岐に渡る。これらを一つひとつ洗い出し、関係業者との綿密な打合せを重ねて施工を進める。監理業務の中でも複雑で重要な部分だ。実例を3つ挙げる。

　図1は集合住宅の駐車場である。コンクリート打放しの天井に、凹みをつけてシーリングライトを設置している。スラブ型枠の所定の位置に、凹みと同じサイズの木製の塊をセットし打設を行うが、脱型時にきれいに取り除けるよう、木塊には若干のテーパー[※1]をつけパネコート[※2]を塗布している（図2）。こうした手間をかけることで照明器具は目立たなくなり、空間を照らす光だけが存在している状態を実現している。

　図3ではライティングダクトを天井に埋め込むように設置している。天井のパネル割りを検討したうえで、そのパネルの継ぎ目に沿ってダクトをレイアウトし、打設前に既製の目地棒等で埋め込みラインを形成する。単に取りつけ面にベタづけする状態では、室内空間に対して付加した異物に見えるが、パネル割りに沿って埋め込むことで空間に馴染む。

　最後に図4。住宅情報盤（インターホン親機）である。タイル割りに合わせて盤の厚み分の凹みをつくっている。下地となるスタッド＋石膏ボードをあらかじめタイル割りに合わせて凹ましてつくっておくので、施工のタイミングに先立って確認をしておかなければならない。

　このような設備のディテールの一つひとつを見てみれば、その効果は小さなものかもしれない。しかしすべてについてていねいに詳細図を描いてつくり込んでいくことで、きめ細やかさがある種の全体性を形成し、魅力ある空間を実現できるのである（図5）。

※1：テーパー
部材の幅や径を先細りにすること。

※2：パネコート
コンクリート打放し面の仕上がりを平滑にするために、型枠に塗布される黄色やグレー色のコーティング。

図1　集合住宅の駐車場

図3　ライティングダクトを埋め込む

図2　コンクリートの天井に凹みをつくるための木塊

図4　タイル割に合わせて凹みをつくる

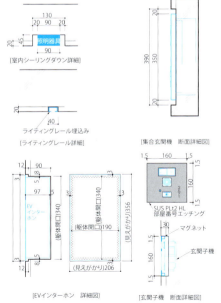

図5　詳細図

047

2.12 照明器具と光源を造作で隠す

　照明器具や光源を隠して光のみがあればよい、という考え方がある。照明器具をデザインしたり選定したりすることを省き、本来の目的である明るさだけを存在させることで、空間に表れる要素を減らすことができる。

●玄関回りに光を満たす

　図1は地下に埋められたガレージ脇に配された住宅の玄関である。天井を照らすライン照明が平面的にL型に配置され（**図2**）、下駄箱の下に取りつけられた照明が足下を照らす（**図3**）。

　天井にはガレージと隣接する倉庫の換気のための2つの排気ダクトのルートを設けざるを得ない状況で、この出っ張りと一体で照明スペースを造作している。このようなケースでは、照明スペースの立上がり寸法、奥行き寸法、立上がりの天端と天井面との離れなど、細かな寸法の確認が必要で、玄関全体の明るさや照明の設置や配線の接続など作業性にも影響する。設置される室のもっとも奥から照明器具やランプが見えないように気を配るだけでなく、階段の上り下りの際の視線も図面に落とし込み、確実に照明器具が隠されていることをていねいに確認しておくと間違いがない。

　また靴の脱ぎ履きが一般的な日本の玄関では、足下への照明が親切である。下駄箱など家具の下に照明器具をセットすることで施工の手間をかけずに照明器具を隠すことができるうえ、一時的に靴を下駄箱下に置いておくスペースも確保できる。

●キッチン吊り戸棚の背面をふかす

　キッチンカウンターや机、洗面台など作業が行われる水平面の照明設計は、住宅だけに限らない。照明器具の位置は作業をする際に自身の影になるような場所を避け、作業に適した十分な照度を確保する。これを怠るとユーザーのストレスが溜まるばかりである。

　キッチンカウンターを照らす専用の照明器具は「棚下灯」という名称で多くの種類が製造されており、吊り戸棚の下面に設置するものであるが、美しいものは稀である。それらを用いず簡単かつ安価に器具を隠す例を紹介する。図4は集合住宅のキッチンである。

　図5に示すように吊り戸棚の背面の壁をふかし、棚下面の奥に高さ100㎜×奥行き80㎜ほどの凹みをつくって照明を設置する。照明器具は隠れすっきりとし、カウンター面に十分な明るさだけを得ることができる。光源が直接視界に入ることもないので眩しさも軽減できる。美しさや居心地のよさを求めるケースに限らず、キッチンカウンターなどの作業面を照らす実際的な目的で用いる照明でもひと工夫するとよい。

■計画名：Sresidence
■設計：山崎壮一建築設計事務所
■構造・規模：RC造＋鉄骨造・地下1地上2階
（図1、図2、図3）

図1 戸建て住宅の玄関

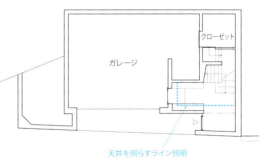

図2 戸建て住宅地下1階平面図

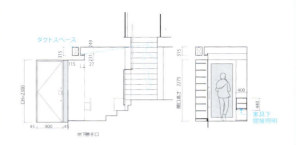

図3 戸建て住宅の玄関展開図

図4 単身者用住戸のキッチン
吊り戸棚と隣り合う箱状の換気フードは仕上り面を揃えるよう、ふかし寸法も含めた全体の奥行きに注意する。

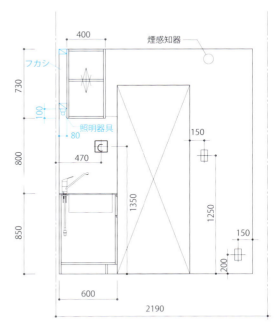

図5 キッチン断面図

第3章

居住クォリティと水回り設備

3.1 FRP防水仕上げのバスルーム

●バスルームの防水と排水系統

在来工法でバスルームをつくる際には、仕上げがどのような素材であれ防水が必要である。他の室と比べると仕上げまでの工程が多く、壁の厚みも増す。例えば木造住宅のバスルームにおいてタイル張りとする場合には、柱に防水下地として耐水合板2枚を千鳥張りし（厚12+12）、FRP[※1]などの防水を施し（厚3）、タイル下地としてのモルタルを厚み15mmほどで施工して、タイルを張って仕上げる（接着剤厚2＋タイル厚10）。この場合、柱面から仕上げ面まで54mmとなる。

また、浴室の排水系統の考え方は大きく分けて2つある。1つは浴槽と洗い場の排水を別々のルートで排水する方法（図1）である。この場合、浴槽の排水トラップは建物回りの地中に埋設するトラップ枡とし、洗い場は水下にワントラップ等を設置して排水する。

もう一方は、浴槽と洗い場の排水をバスルーム内で一つのトラップに合流させる方法で（図2）、通称バス兼トラップ（図3）を用いる。床下に400mmほどの懐が必要であり、施工性がよくないので敬遠されるが、住戸数の多い集合住宅では浴室内でトラップが完結されることから採用されることが多い。

●FRP防水仕上げでコストを抑える

在来工法のバスルームは、使用する材料も施工の手間も増えるのでコストがかかるうえ、それに給水・給湯配管や排水配管、トラップ、衛生機器類のコストが加わる。こうした在来工法のコストを懸念して、ユニットバスとすることが一般的だが、できるだけコストを抑えて自由にバスルームをデザインするときには、防水自体を仕上げ材として兼用する方法をとる。

仕上げ材として使用できる防水材としてはFRPがあり、最後にトップコートをかけることで仕上げ材として耐えうる質感に仕上がる（図4）。

FRP防水仕上げの洗い場の排水口は、FRPと密着させる必要があり現時点では商品の種類が極端に限られ、筆者の経験上、バス兼トラップでは適したものがない。こうした理由から先に述べた排水系統については、浴槽と洗い場を別々にする方法をとるか、置き型の浴槽を使用する（図5）ことで排水トラップの問題を解決する。

また、浴槽と追炊き配管を接続する循環金具は、水漏れなど不具合の原因となる可能性が懸念される。いったん浴槽を据えつけてしまうと、循環金具の点検でさえ大掛かりになるので、点検口をつけることができれば安心である。図6は集合住宅の洗面室・バスルームである。浴槽脇の腰壁に点検用の開口を設け、小さな棚としても使えるよう、開口の奥に白色のアクリル板を設置している[※2]。

※1：FRP
繊維強化プラスチック（Fiber Reinforced Plastics）の略称。

※2：点検口
実際に点検することはほとんどないため、アクリル板の固定にはシール接着するだけとしている。万が一点検が必要な場合はシールを切ることでアクリル板をはずすこととし、ビスもなくシンプルに仕上げることができる。

図1 浴槽と洗い場の排水ルートを別にする方法

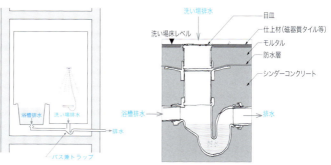

図2 浴槽と洗い場の排水を合流する方法

図3 バス兼トラップ

図4 FRP防水仕上げのバスルーム
床・壁はFRP防水仕上げとし、天井はケイカル板＋ウレタン塗装としている。

図5 置き型の浴槽を使用する場合

図6 集合住宅の洗面室・バスルーム

図7 アクリル板取りつけ前の状態

3.2 バスルームをモルタルで仕上げる

●バスルームをつくる素材

　バスルームでは日々湯水を使用することから、床・壁・天井・浴槽に適した素材は限定的である。以下に概略を示す。

床　：磁器質タイル[※1]やスレート系の天然石が多く、水に濡れた状態でもすべらないようノンスリップが基本となる。床面には排水口に向けて勾配が必要であるが、200口程度の材料であれば1点に向けてすり鉢状に勾配をとることも容易だが、大判のタイルや天然石を使用する場合はライン上に排水溝をつくり片流れの勾配をとる。

壁　：磁器質タイル天然石、ヒバやヒノキ[※2]などの縁甲板、モルタル仕上げにウレタン塗装で着色することもある。タイルや天然石張りの場合は、材料同士の間に目地を設けることになるが、目地材は浴室専用のものが多数あり、防カビ性が高く浴室使用後に換気を適切に行っている限りカビは発生しないと考えてよい。目地材の色は仕上げ材と照らし合わせて慎重に決めること。

天井：バスリブと呼ばれる浴室専用の天井材、壁と同様にヒバやヒノキ、水に強いケイ酸カルシウム板にウレタン塗装で仕上げることもある。

浴槽：衛生機器として各メーカーで製造されているもので、人工大理石、FRP、ホーローでつくられる。形状や深さ、半身浴用の腰かけの有無、グリップの有無などバリエーションが豊富なので、選定時には住み手に確認しておくとよい。また、エプロンやライニング[※3]の天端にとるわずかな水勾配は、浴槽との取合いに影響する。効率のよい勾配を見つけると共に常に取合いラインに気をつけ、シーリング幅が太くならないよう注意する。

●モルタルバスルーム

　浴室に使用される素材は、水場であるがゆえ、部位によって注意点が異なり使用材料が限定されるが、次のような事例もある。図1～図3は住宅の浴室と洗面を一体としたスペースである。洗面台の天端を基準として、下部の床・壁・浴槽を黒色の防水モルタルで仕上げ、上部は防水ボードに白色の防水塗装で仕上げている。浴槽奥の突き当たりとなる面は枠を見せずにガラスを嵌め、玉砂利が敷かれた隣地との隙間を利用して採光を得ている。図4に示すように理想とする浴槽の形状に合わせて基礎が設計されている。

　2種類の素材で室全体をシームレスに仕上げており、凹凸のある黒い塊の一部が洗面器や浴槽となる彫刻的なデザインだ。防水モルタルは、各々の部位における性能をクリアするうえ、勾配など細かな配慮もカバーできる素材であるが、排水口との取合いなど慎重な設計が必要である。

※1：磁器質タイル
素地は緻密で硬く、吸水率1%以下でほとんど水を通さない。

※2：ヒバやヒノキ
油分が多く、水に強い。水回りの他、外部にも使用されることも多い。

※3：ライニング
給水給湯管を通し、水栓との接続のためにとるスペースで、バスルームでは浴槽と同じレベルで仕上げをフカして棚状に設けられることが多い。他に洗濯機置場の水栓や便器の給水排水のために設けることもある。

■計画名：HOUSE-R
■設計：池村圭造／UA
■構造・規模：木造・地上2階

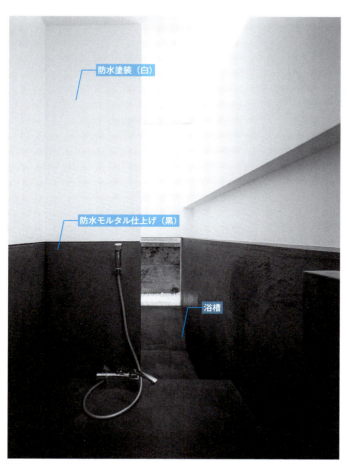

図1 モルタルバスルーム

図2 洗面を見る

図3 浴槽より洗面を見る

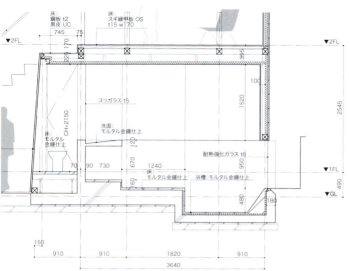

図4 モルタルバスルーム断面図

3.3 強化ガラスを使って浴室をつくる

●浴室を日中の採光空間にする

　ガラスは表面が平滑で汚れもつきにくく、簡易な洗浄によって清潔さを保つことができる。また吸湿性がないのでカビが生えず、最近では浴室・洗面室の扉材として多用されるようになってきた。集合住宅や狭小な戸建て住宅などでは、洗面室と浴室をガラス扉とすることで広々と感じさせることができるが、さらに欲を言えば、浴室を使っていない日中に、外光を取り入れる工夫がなされてもよいだろう。

　図1は強化ガラスにドアノブとステンレス丁番をつけ、戸当りのディテールのみで構成した浴室扉の事例である。単身向け住戸ゆえ、トイレや洗面室、浴室を視覚的に遮る必要も低いため、その先に見えるバルコニーにひと工夫をし、ビューバス（眺望を重視した浴室環境）とした。図2は、このビューバスの窓前をバルコニー側から見ている。またバルコニーの奥行きを法定寸法以上として余裕を持たせ、外部から浴室が見えにくくしている他、厚さ40mm、格子ピッチ40mm四方のファイバーグレーチング板を縦横2枚並べ、斜め上・下からの視界を遮りながら、フィンによって外光を拡散させつつ、水回り空間兼ユーティリティスペースを明るく照らす。

　また写真では写っていないが、浴室窓には防滴型の水平ブラインドをあと工事で取りつけている。浴室内の在来工法の防水下地とし、その立ち上がりをそのまま外壁にしている。洗い場側はアルミ框のガラス扉としてあり、開け放って換気できるほか、バルコニーで水を使うこともできる。

●強化ガラス扉のディテールと注意点

　強化ガラスであっても、強い衝撃に対しては破損しやすい。また一般的なユニットバス等で用いられるような軽量扉と違い、勢いをつけて開閉すると、自重の慣性力によって戸当たり付近から面捻れを起こし割れることもある。そのため、戸当たりを設置するならばできるだけ大きく、柔らかいゴム製のものがよい。捻れを防ぐには、扉の上・下端、2カ所つけるのもよいだろう。

　図3のように、ゴム製クッションゴムを浴室側の立ち上がり、つまりガラス扉の下端につけ、上端はタイル面とガラスが閉じた際に接触しないよう、十分離隔する納まりでもよい。他の方法として、例えばSUS溝型材の外枠を設け、溝部に中空エアタイトゴムをまわし、さらに防滴クローザーなどを併用することで衝撃吸収と水仕舞をする方法も考えられるが、あまりやり過ぎると美しくまとまらない。本事例では30mm□タイルの1コマ分を立ち上げ、戸当たり兼水仕舞いとしている。

図1 ビューバスの強化ガラス扉

図2 2重のバルコニースクリーン

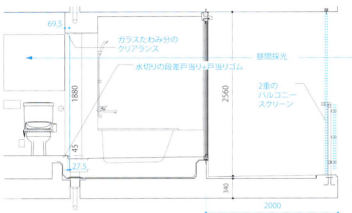

図3 強化ガラス扉を用いた浴室詳細図

図4 ユーティリティスペースを明るくするビューバス採光
この事例は、東西両端にバルコニーを持つ細長いワンルーム住戸であり、写真中央の通路兼ユーティリティスペースを、ビューバス採光によって明るくしている。また写真には写っていないが、浴室・洗面室と通路は型ガラス引き戸によって仕切ることが可能である。

3.4 ユースフルな洗面カウンター

●洗面・収納・設備置きを兼ねた洗面カウンター

　洗面室や洗面カウンターは、他の居室を広くとりたいがために、小さくコンパクトにしてしまいがちであるが、ここは思い切って大きく広くとってみよう。しかし単に床を広くするのではなく、洗面カウンターを幅広くすることで、収納や廊下との採光、洗濯機置き場の確保など、面積以上の能力を負わせるのである。図1に示すのは、幅2mの人造大理石製洗面カウンターであり、これだけの幅があれば、部屋着・タオル類・雑多な生活用品を含め収納可能であり、背の低い洗濯乾燥機ならばカウンター下に設置可能である。また洗面ボウルの左右袖が広いので、洗髪・洗面はもちろん、ドレッサー代わりに使うこともでき、小物置き場にも困らない。前面の姿見を大きくとることで空間に拡がり感が増し、水回り特有の「せせこましさ」が減る。また壁面全体をおおうような大きな洗面鏡をつける場合は、鏡面にブラケットライトを直接取りつけるが、この事例のように袖を残して設置するのもよい。

●通風・採光を兼ねた小窓、他詳細

　同じく図2では、洗面鏡の左袖が木枠ガラス扉となっており、そこから通路側に向けて換気と採光を得ている。またガラスは、入浴時のプライバシーに考慮し型ガラスとしてある。もちろん換気ファンによる換気で十分ではあるのだが、この事例では玄関扉の枠ユニットに換気スリットが設けられており、さらに集合住宅ながらキッチンに向けて勝手口がついていて、すべて開け放すと風が循環するしくみになっている（図3、4）。通常洗面室やキッチンといったユーティリティスペースは、小さく狭く、閉じこもりがちであるが、自然風を取り入れることで衛生的かつ開放的な価値の創造につながる。

　また細かいことだが、洗面ボウルは寸法の許す限り大きく、深いものが望ましい。デザイン的にスマートな洗面ボウルがよいように思いがちだが、洗面・手洗い時に、相当の水飛沫を防いでくれる。またカウンターと正面壁とのコーナー納まりは、カウンター同様、人造大理石の帯材をたて、水切りにしている。水仕舞いの観点から付け加えるならば、姿見の下端をカウンター天板まで下ろし、ガラスシールでつなげるという手も考えられる。

　カウンター下収納の扉は、扉材の上端をくさび形状に切り込み、小口テープ等で仕上げて引き手代わりにするとすっきりしたデザインになる（図2）。

図1 幅の広い洗面カウンター

図3 キッチンスペースの勝手口と採光窓の風通し

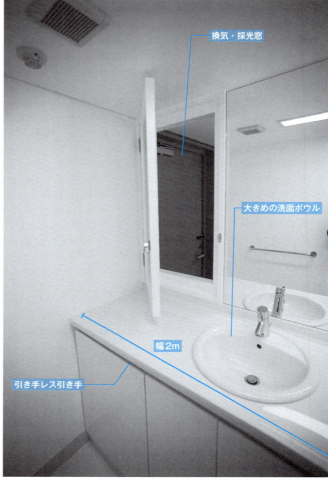

図2 洗面鏡と換気・採光窓のコンビネーション

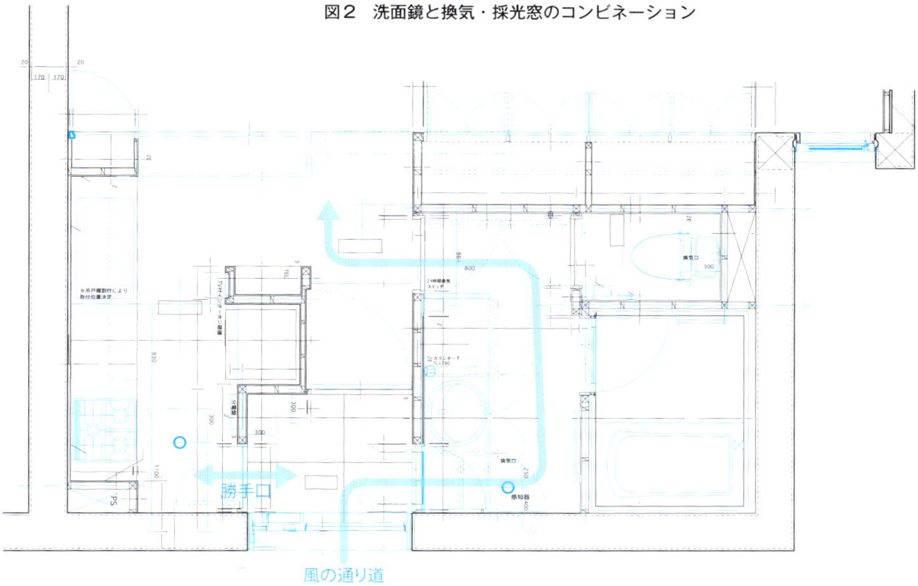

図4 空気がこもらない水回り計画

3.5 閉じながら関係をもつ洗面室

● **住宅における室の独立性**

　一般に住宅の間取りをnLDKと表現することが多いが、この呼び方には、独立した部屋が集まったものが住宅というニュアンスが含まれている。実際には住空間とはそれほど単純なものではなく多様で、各々の部屋同士がさまざまに関係し合っている状態もよい住宅の一つの指標となると考えている。

　とはいえ設備が集中するトイレや洗面脱衣室、バスルームは、表示錠を取りつけるくらいであるから閉じ切って独立しているほうが自然と考えられがちだ。デザインする方は、その閉じられた中でよりよい住空間をつくるためのアイデアを練っていくのであるが、毎回微細な差をつくり出すことはできるかもしれないが、室同士の活き活きとした有機的とも呼べる関係性は生み出せないのではないだろうか。

● **採光窓のある洗面室**

　図1はある住宅の洗面室である。洗面カウンターから天井までの大きな鏡を張ることで、使用時の壁面への水跳ねの対応も兼ね、天井にはライン照明を埋め込むための凹みをつけ器具を納めている。

　洗面室と壁を隔てた向こう側にはダイニングとリビングが隣接しているが、この壁に小さな開口を設けて曇りガラスを嵌めている。日中はダイニング・リビングに満たされた自然光が、夜間は照明の明かりがこの小窓を通して洗面カウンターを照らし、逆にダイニング・リビングからは洗面室の照明が点灯する様子や人影を感じることができる。(図2)。また、2階へ続くコンクリート製の階段の3、4段目を壁を貫通して洗面室に延長することで、洗面回りに置かれる日用品を収納するための凹みのある洗面カウンターとしている。連続した一体のものとしてつくられた階段＋洗面カウンターと採光のための小窓によって、互いに隔てられたスペースに関係を持たせる試みである。

　また建物前のコンクリート仕上げを玄関・廊下まで連続させ、似た色合いのタイルで洗面室とその先のバスルームの床を仕上げる（図4、図5）。これも閉じられた洗面室を少しでも他のスペースと関係させることを意図している。

　同じ意識を持って住宅の全体をデザインすることで、決して広くはない住宅のすべての室に活き活きとした関係と実際以上の広がりを感じられれば理想である。

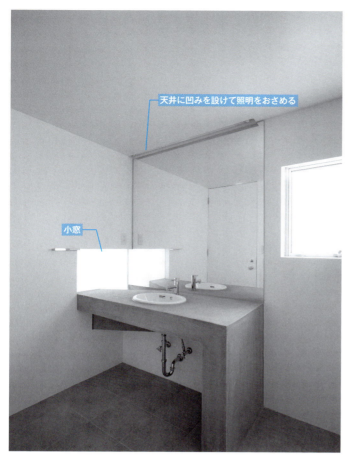

天井に凹みを設けて照明をおさめる

小窓

図1 洗面カウンター

小窓

図2 ダイニング・リビング

図3 洗面室から浴室を見る

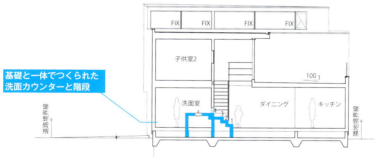

基礎と一体でつくられた洗面カウンターと階段

図4 断面図

連続する床仕上の範囲

図5 1F平面図

3.6 生活動線上に洗面スペースを設ける

● **洗面台を階段・廊下の近くに置いてみる**

3.4節でも述べた通り、住宅設計での洗面スペースの扱いは、脱衣スペースと空間を共有することが多く、給排水・給湯などの設備面からみても、それらは一箇所にまとめたほうが合理的でもある。しかし生活行為の視点から見るとどうだろう。脱衣は多くて日に1、2度使うのに対し、洗面スペースは朝の洗面だけでなく、手洗いや歯磨き、整髪など、極めて使用頻度が高い。よく使う空間ならば、それを脱衣スペースと切り離し、廊下や生活動線に近い位置に配置しても有意義ではないだろうか。

図1、**図2**は都市型狭小住宅における洗面スペースの事例である。階段に沿ったサンドイッチ鋼板によるスパイラル構造壁の折れ曲がった内側に、ごく小さく、コンパクトに置かれている。またトイレや浴室と違い、廊下と遮蔽する必要もないので、洗面台さえあれば動線空間と共用できるのも興味深いところである。1階、3階へとつながる階段は、2カ所の幅のある踊り場で構成されているため、2人以上の家族が居合わせても、階段にちょっと腰掛けて歯を磨いたり、簡単な身支度などが可能である。こうした生活所作の共存がリビング以外にも増えれば、自ずと家族間コミュニケーションの機会が増える。また**図3**はこの洗面スペースを浴室側廊下から見ているが、狭い空間をできるだけ開放的に感じさせるよう、構造体を帯状にしたり、浴室天井を一部斜めに切り欠く（天井勝ち納まりにする）ことで、壁の集まる洗面台付近を完全に遮蔽しないようにしてある。

● **洗面台のミニマム・デザイン**

この事例では、水回り収納を脱衣スペース内に大きくとり、代わりに洗面台を低くし、空間的なゆとりを生んでいる。また台が低く造作されるので、洗面ボウルを深鉢にし、洗面・身支度以外にも掃除用のシンクとして機能するようにしてある。洗面台の幅については、幅いっぱいにとり、脇の余地を十分確保することで、ヘアドライヤーや整髪料、洗顔雑貨の置き場に使う。また場所の狭さから、台上に洗面鏡を置かず、代わりに可動式手元ミラーで対応し、大きな鏡は階段を挟んで東側の壁面に吊す計画としてある。また洗面ライトは階段部分の吹抜け照明と兼用する。また、バー状のタオル掛けは用いず、50mm程度の突起状のノブ型タオルハンガーを壁面直づけとしてミニマムデザインを心がけている。

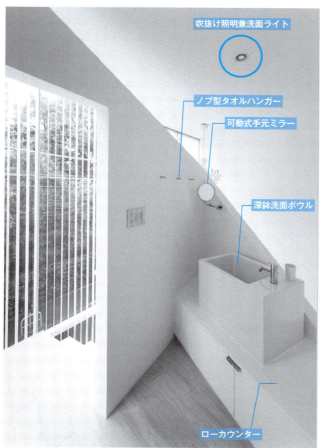

図1　階段・廊下の近くに置かれた洗面スペース
立体的な縁側として機能している階段室の裏に小さくまとめられた洗面スペース。利用頻度が高く、自然と家族が集まるコミュニケーションの場として機能させるべく、衛生設備も最小限のものを組み込んでいる。

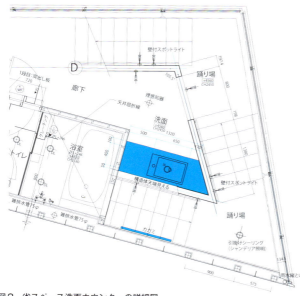

図2　省スペース洗面カウンターの詳細図

図3　洗面スペースまわりの天井勝ちディテール

図4　立体的な縁側空間と洗面スペース

3.7 タオルバーとペーパーホルダー

　タオルバーやペーパーホルダーなどの設置は、工事区分として建築工事となる場合もあるが、衛生設備工事に含まれることも多い。単純な工事とみられがちであるが、あらかじめ内装工事の初期の段階で大工工事で取りつけ部の下地を設置し、竣工直前に衛生設備業者が機器の設置をするという2業種2工程を踏むと考えておくとよい。設計者は、取りつけ位置を早めに決定して、現場に伝えておくことを心がけておきたい。

●浴室と洗面室のアクセサリー

　タオルバーやタオルリングの取りつけ位置は、バーに対してタオルがかかった状態を想定したうえで決める。バスタオル、フェイスタオル、ボディタオルなど、目的に応じたタオルのサイズを確認したうえで、タオルバーそのものやタオルがカウンターやライニング[※1]、ガラスドアの開閉に干渉しないよう注意する。またバスルームや洗面室には、タオルバーの他にもシャワー水栓、洗面水栓、バス水栓、ガラスドアの丁番や取手、ワードローブ棚、ワイヤーバスケット、バスローブフック、物干金物など多くの金属製品が設置される。これらを個々に選定していくのではなく、全体の仕上げの統一性を意識し、設置位置についてはとくにレベルに注意を払うとインテリアとして違和感のないまとまったデザインとなる。図1は住宅の洗面室・浴室である。両者を仕切るFIXガラスをミニマルに納めていることから、床・壁・天井の仕上げは連続し、全体を1室と捉えてさまざまな金属製のアクセサリーの選定とレイアウトを行っている。洗面室の床レベルから1,150mmを一つの基準として、タオル掛けとワイヤーバスケット、ガラス丁番をレイアウトし、複数設置されるものについては、使用上の都合でそれぞれ間隔を決めている。

●特注ペーパーホルダー

　ペーパーホルダーは便器の先端付近の位置に、便器のリモコンと共に各々のサイズを確認しながら位置を決定し展開図に寸法と共に示しておく。

　住宅の設計を多く手がけていると、既製の機器では設置が難しい状況になることが稀にある。図2は戸建て住宅のバスルームと洗面室の展開図である。各々を仕切るFIXガラスに隣接して便器を設置しているが、隣り合う洗面台はペーパーホルダーの設置位置としては相応しくなく、鏡面仕上げのステンレスパイプで製作したペーパーホルダーを、腰壁に取りつけることとした（図3）。

※1：ライニング
P.54参照。

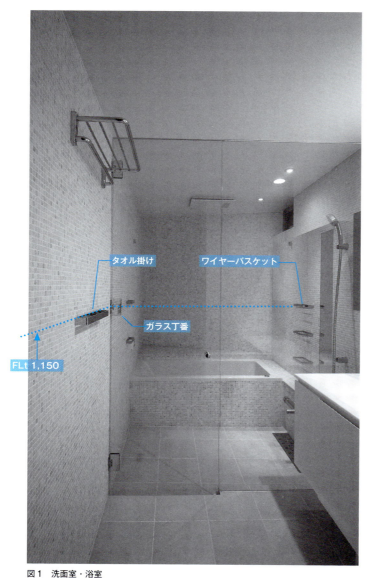

図1 洗面室・浴室

図3 特注ペーパーホルダー

住宅のバスルーム・洗面室廻りの金物はクロームメッキ仕上げが多いが、金属工事で製作する場合にはクロームメッキが難しい。このペーパーホルダーはステンレス製であるが仕上げを鏡面仕上げとすることで、周囲のクロームメッキ仕上げの金物に対して違和感のないよう配慮している。

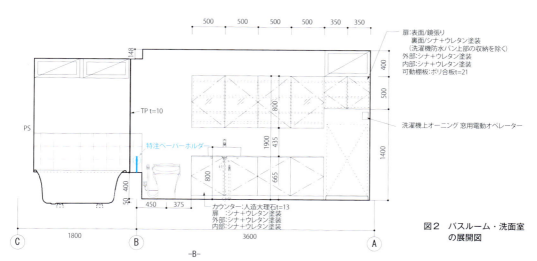

図2 バスルーム・洗面室の展開図

3.8 案外大事なトイレの工夫

●案外大事なトイレ照明の位置

　トイレの設計では、主に大小便器、タオル掛け、紙巻き器、手摺りといったものの取りつけに注意するのだが、これらは日ごろの体験や、器具メーカーの標準取りつけ仕様などがあるため、大して悩むことはない。一方、意外な盲点なのが、便座と照明の位置関係である。従来、照明の位置は便座に正対してより奥に配置するのがよいとする考え方があったが、近年では男性であっても便座に着座して小用する傾向にあるので、むしろ便座の向く側に少々離して配置するのがよいと思われる。

　例えば図2に示す着座姿勢に対し、頭部よりも後ろに照明の光源があると手元が暗く不都合が生じるが、図のように頭部より少々手前にあれば、着座時に正面に見える扉にも鬱陶しい影を落とさないで済む。ついでに下世話な話で恐縮であるが、用を足しつつ読書が行えるということでもありがたいものになる。また図1の2つのトイレにおいて、車いす対応の住居用トイレに対し、ゲスト用は奥行きが浅くなっている。この場合は扉内側の取手は握り玉形状にするか、図3のようにレバーハンドルを90度立てて取りつけると、立ち上がる際に頭をぶつけずに済む。

●合理的なPS配置とトイレ収納

　戸建て住宅でも集合住宅でも、最近は床上排水方式の便座をよく用いる。この方式では文字通り、床上の横引き配管にて排水するので、設備面での合理性から、住戸内PS（パイプスペース）をトイレと抱き合わせで計画することが多い。また計画面でみても、PSというのは内壁と同等の下地・仕上げにて給排水縦管を覆うよう施工されるが、それでも微音ながら、上階の排水音が洩れ聞こえてしまうことがある。これは集合住宅ではクレームの要因にもなりかねないので、トイレ内にPSを設ける、つまり「ボックス・イン・ボックス」であれば生活空間への支障は生じにくいわけである。

　さらに意匠上の工夫もあるとよい。幅600×400mm程度のPSを狭いトイレ空間にそのまま置くと、デザイン的にも見苦しいため、全面をフカシて壁を仕上げることもあるが、余った凹みを活かすべく、トイレ収納を設けるとよい。数カ所のダボ受けと棚板だけで構成するオープン収納でもよいし、図4のように、PS点検口を兼ねて戸棚としてもよいだろう。家具工事としてこうした収納家具をつくってもよいが、床上でトイレマット等に扉が干渉しないのであれば、家具の袴や台輪を省き、棚下段に背の高いトイレブラシを収納できるようにするとよい。また上段には予備のペーパーや清掃用洗剤などを常備するスペースとして可動棚板の収納にしておけば完璧である。

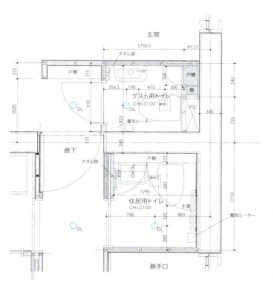

図1　住宅用トイレ平面図

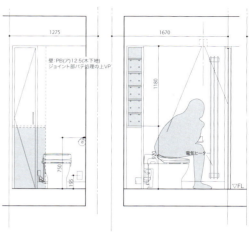

図2　トイレの収納・整備の工夫
トイレ収納は、家具の袴（台輪）をなくし、下段に背の高い掃除用具が入るよう工夫するとよい。また上段には予備のペーパーや洗剤等を収納できるよう、小分け・可動の棚板を多く設けるとよい。

図3　トイレ扉の内側レバーハンドル

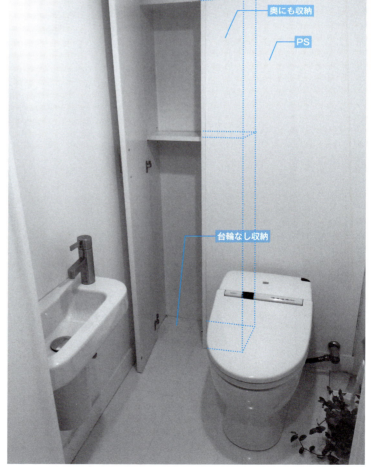

図4　PS点検口を兼ねたトイレ収納戸棚

067

3.9 キッチンを三角形で考えよう

●ワークトライアングルとは

　キッチン空間の中心は、何と言ってもキッチン・ワークトップ[※1]である。図1は一般的なキッチンの典型類別を示している。I型、L型、U型などは、キッチン動線の幅にもよるが、主にひとりで調理を行うのに向いている。ダブルI型などは、動線の幅を十分とり、2人で立ち働くことができる。またアイランド型はひとりが主な調理をしながら、もうひとりが膳立て・給仕を行うホームパーティなどに向いている。

　次にキッチン設計における寸法については、図2の調理時の動線である「ワークトライアングル」を理解し活用できれば、キッチン設計はもうお手のものである。三角形ABCはそれぞれ、冷蔵庫、シンク、コンロの位置をつないでいる。普段調理をする際の行動をシミュレーションすると、買い物から帰宅し、まず食材をAの冷蔵庫に入れる。次にBのシンクにまな板を用意し、線分ABを行き来して煮炊き前の下ごしらえを行う。さらに下ごしらえの終わった食材を調理するため線分BCを行き来する。調味料の追加などでCAを行き来する。このような移動頻度からみると、ABとBCは、できれば2歩半、1,300mm以内で済むようにしておくと長時間調理しても疲れにくい。住宅設計のクライアントによっては「夫婦2人で調理する大きいキッチンを」と要望されることもあるが、その際は図2下のように2歩半以下のルールを守ること。これ以上大きなキッチンをつくってしまうと、空間として持て余すだけでなく、調理自体が苦痛になってしまう。1人でキッチンに立ち、より幅広なワークトップで調理したい場合は、図1中のU型キッチンであれば移動量が少なくてよいだろう。

●調理だけでない、だんらんの場所づくり

　調理しながら家族と会話したり、リビングのだんらんにキッチンから参加したり、あるいはキッチンを中心にホームパーティをするなど、近年「家食」のスタイルは多様化してきている。ここで重要なのは「だんらんの空間寸法」である。図3の2タイプのキッチン空間に描かれた同心円は、近親者同士が言葉を介さないでも意思疎通ができる、すなわちノンバーバルコミュニケーションができる会話領域のサイズを示している。リビングルーム等では直径3m円とされているが、このサイズはいわば家族が身を寄せ合ってくつろぐ空間サイズになる。またキッチン空間は、リビング・ダイニング空間と連接しあうよう計画される事がおおいが、調理中にもっともよく立つ位置すなわち三角形ABCでいうBがリビング空間、あるいはダイニング空間に近ければ、食事をつくっていてもだんらんに参加できるなどの利点が生まれる。

※1：ワークトップ
シンク、調理台、吊り戸棚、コンロ、レンジフードを合理的かつ一体的につくった調理家具であり、多くのキッチンメーカーから既製品が出ているし、専門業者にオーダーメイドのキッチンを依頼することもできる。

I型キッチン

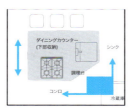
アイランド型キッチン

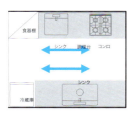
II(ダブル)型キッチン

ペニンシュラ型キッチン

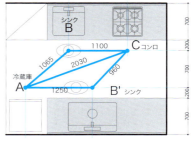

L型キッチン

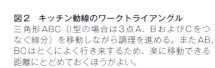
U型キッチン

図1　キッチンの典型類別

図2　キッチン動線のワークトライアングル
三角形ABC（I型の場合は3点A、BおよびCをつなぐ線分）を移動しながら調理を進める。またAB、BCはとくによく行き来するため、楽に移動できる距離にとどめておくほうがよい。

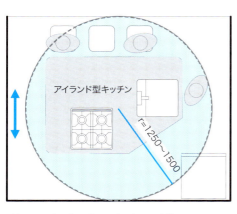

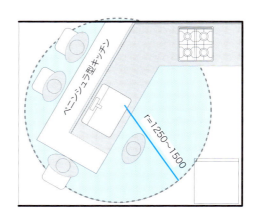

図3　ノンバーバルコミュニケーション空間
家族や親しい間柄の人間が、互いの表情を読み取りながらコミュニケーションすることをいう。この図で示す会話領域は、キッチンで調理や作業をしながらでも、家族間コミュニケーションが可能な空間のサイズをさす。またキッチン空間という空間の制約からすると、実質的には半径1,250〜1,500mm程度となるだろう。

3.10 コンクリートでキッチンをつくる

●**キッチンに適した材料**

　一般にキッチンは下部に引出しや扉を設けた家具工事による収納部分にカウンターを載せて、コンロやシンク、水栓などの衛生機器を取りつけて出来上がっている。面材にはパーティクルボードやMDF[※1]を下地として、表面はメラミン化粧板、天然木の突き板、化粧シートやウレタン塗装などで仕上げる。カウンターには、濡れている状態が多いことから、水に強いステンレスや人造大理石、天然石などが使われることが多い。意匠上、集成材など木製のカウンターをつくる場合には、保護材となる塗装にウレタンを用い、使用状況によっては腐食しやすいこともクライアントにていねいに説明しておくとよい。

　キッチンに使用する仕上げ材は、製作のしやすさや使い勝手、水や火気を使用すること、油や調味料による汚れに対処することから、使用に適した材料が決まるので、比較的選択肢が限られるといってよいかもしれない。しかしながら、インテリア全体のデザインからキッチンをどのように仕上げていくか、という大きな視点から考えていくと普段は使用しない素材でキッチンをつくることがむしろ妥当であるケースもある。

●**コンクリートでキッチンをつくる**

　図1は、葉山の海からほど近い場所に建つゲストハウスである。建物の1階の土間は、洗出し仕上げの外部テラスの床と連続するよう同じ素材で仕上げられている。外部テラスと土間はガラス引戸で仕切られているが壁内に引込み可能で、通常よりかなりスリムなベイヒバの框戸が効き、分断されずに連続性が保たれている。この土間にキッチンが据えつけられるのであるが、内外一体となった床がさらにキッチンへと連続し同化するよう、立上がりからカウンターまでが一体のコンクリートの塊としてつくられている。

　塊としての様相はディテールにまで及ぶ。ステンレスシンクは、コンクリートのカウンターに同サイズの凹みをつくり、カウンターの天端より一段下げてキッチン水栓と共に納められている。IHクッカーについてもコンクリートの凹みに双方の天端が面一になるよう納められている（図2）。IHクッカーの脇にはキッチンと一体となった暖炉がつくられ、鉄板で製作された換気フードは、IHクッカーと暖炉の換気を兼ねて煙突を経由して屋根上で排気をしている。フードがカバーすべき範囲とその中心からはずれた位置に直上に伸びる煙突とのズレに折り合いをつけるべく、フードは歪んだ四角錐の一部のような形状となっているが、それが大きなフードに軽さをもたらす効果を生んでいる（図4）。

※1：パーティクルボード
木材の小片を接着剤と混合し熱圧成形した木質ボードの一種で、MDFは木材をさらに細かく繊維状にしたものを同様に加工したもの。

■計画名：葉山のゲストハウス
■設計：八木建築研究所（八木正嗣、八木このみ）
■構造・規模：木造2階建て

図1　外部テラスから室内の土間とキッチンをみる

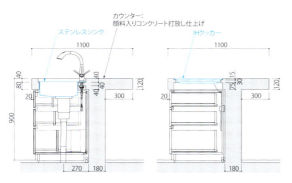

図2　キッチンカウンターと機器類の関係

図3　キッチンカウンターと機器類

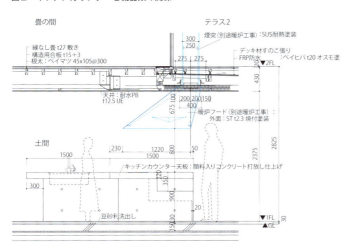

図4　キッチンカウンターと換気コードの納まり

3.11 現場作業でつくるデザインキッチン

●**製作キッチン基本**

　キッチンの作業性を高め、置かれる空間に相応しい設えを求めていくと、既製のキッチンの組合せでは対応が難しく、フルオーダーメイドで製作することになる。製作キッチンは、家具工事・衛生設備工事・ガス工事・電気工事などさまざまな工種が関わることになるが、その中でも家具工事の比重は大きく工事単価としても高くなる傾向にある。家具工事は、すべてのキッチン設備の取りつけ位置や取りつけに必要な開口、建築や各種配管との取合いまで細部を監理者と確認し、現場の採寸を行った後に工場での製作にとりかかる。搬入に支障のないサイズに本体を分割した状態まで工場で仕上げ、現場に搬入して、数日をかけて据えつけを行う。その後、先行して施工された配管との接続や機器の取りつけを設備業者が行い、最後に取合いの仕上げやシールを行って仕上げるといった工程を踏む。

　製作キッチンの設計から施工までを専門に行うキッチンメーカーは、キッチンに特化してクライアントとの細やかな打合せまで行うことが多く、半ば設計事務所の設計パートナーとして位置づけて考えてもよいだろう。

●**現場作業でつくるデザインキッチン**

　単身者用の集合住宅におけるキッチンのように、使用頻度は比較的少ない想定でローコストを求める場合、家具工事を含めず現場作業のみでキッチンを製作することができる。**図1**は単身者用集合住宅のキッチンである。ステンレスのシンク一体型カウンターのみを壁面にもたせてセットし、2口ガスコンロと水栓を取りつけただけのキッチンである。上部には換気扇と最低限の吊り戸棚を取りつけ、オープンなカウンター下には入居者のニーズに合わせてキャスターつきの収納などを使用する想定だ。シンクメーカーでカウンター一体型で製作を依頼し、現場にてセットした下地にビス留めするだけで済むよう合板の裏打ちもされている。

　図2は単身者用集合住宅におけるキッチンの事例である。壁一面にクローゼットとキッチンが一連のデザインとしてポリランバー[※1]で構成されている。コストを抑えるためポリランバーの規制サイズにおさまるようクローゼット高さは1,775㎜とし、このレベルで換気扇までつながる水平の棚板が全体の一体感を生んでいる。キッチンの天板は厚み30㎜のポリランバーの上にステンレス板張りとし、シンクと1口コンロを取りつけて最低限の作業ができるよう構成されている。幅は1,600㎜とこのサイズの住戸にしては広めであるうえ、奥行きはクローゼットと揃うよう790㎜とゆったりしたキッチンだ。壁側のポリランバーの受けはアルミアングル25×25としてきっちりと天板厚み内に納めている。

※1：ポリランバー
細い角材を芯として板状にし、両面に単板を張り付けたものをランバー材と言うが、ポリランバーとは、両面にポリ合板を張り付けたランバー材。シナランバーとはシナの単板を張り付けたもの。

■計画名：THE GARDEN 中目黒
■設計：坂野由典／フラットハウス
■構造・規模：RC造・地上4階
（図2）

図1 シンク一体型のステンレスカウンター

● ワンポイント解説

これらのキッチンは現場では大工工事による造作として分類される。大工工事で扱いやすいポリランバーやシナランバーを用いる場合、それらのジョイントはビス留めとなり仕上がりに大きく影響する。

・仕上げをOPやウレタンなどで塗装して下地をツブす場合は、ビス留め→パテ処理→塗装とするので問題はない。
・仕上げをクリアー塗装やOS着色として木目を表す場合は、ビス留め→埋木→塗装とするが、埋木の跡が仕上げに表れるのでビス位置のレイアウトを行う。
・ポリランバーのジョイントでは、ビス留め→ビスキャップとするしかなく美しいものではないので、隠れた位置や見えない位置でビス留めを行う。

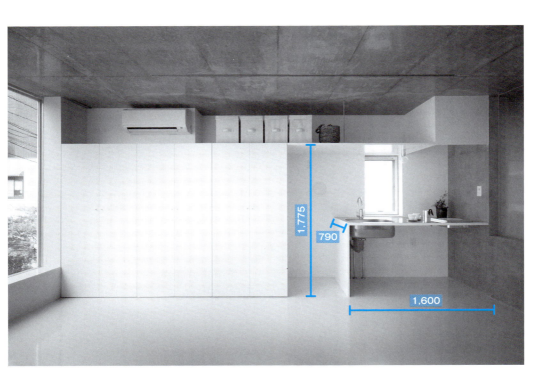

図2 ポリランバーで構成されたキッチンとクローゼット

3.12 量販家具メーカーの規格製品キッチンを納める

●規格製品ならでは利点

　住宅設計でいつも悩ましいのは、キッチン回りの設備機器や附帯する家具などのコストである。キッチン専門メーカーから提供されているデザイン性の高いものは比較的高価であり、コンロやオーブン、吊り戸棚など、キッチン本体と揃いのものを一式揃えようとすると工事予算をオーバーしがちである。一方、近年の量販家具メーカーでは、図1のような、すっきりデザインのワークトップをセミオーダー商品として安価に提供している。商品購入費の他に、搬入費や現場での設置・調整手間を確保できれば、専門メーカー品を選んだり、オリジナル品をキッチン工事にてつくるよりも、リーズナブルに納めることができる。ワークトップ天板、水切り、収納扉の面材などは、トップコート処理済みのステンレスヘアライン仕上げになっており、量販家具としての高品質感を楽しむことができ、調理器具や調味料キャニスター、調理家電のボディーなどとも調和がとれる。ガスコンロやオーブンレンジ、レンジフードについては、ワークトップ本体と分離発注することでさらにコストを下げることもできるが、そうした設備製品をキッチン組立て時に先行して確実に手配しておき、現場の電気・設備工事者と設置・調整のほか、引渡し後の保証についても十分協議しておかなければならない。

●寸法規格・質感を活かす

　製品キッチンは、規格寸法に限りがあるため、それらを上手く組み合わせ、既存躯体に対して壁下地の厚さを調整しうまく納める必要がある。また古い集合住宅のリノベーションではとくに、シンクの排水位置やレンジフードの排気ダクト位置がずらせない、つまり躯体を触ることができないため、それらの取合いで支障がでないよう、正確な現況図を起こし、キッチンレイアウトとともに納め方を検討していく。この事例では、現況の排気位置に近い場所にレンジフードを据え、余計な配管手間をとらずに済ませており、かつリノベーション前のコンロ位置よりも中央寄りにすることで、両脇に調理台を有した、使い勝手のよいレイアウトに仕立て直している。

　また家具会社によるキッチンは、単体で完成度の高い「家具的」な質感が魅力になる。図3のサイドキャビネットは、この事例で用いたセミオーダーキッチンの規格高さに揃えて製作した注文家具であるが、デザイン的にも本体とバランスが取れているし、木製ダイニングテーブルなどとも違和感なくコーディネートが可能である。

図3　サイドキャビネットとの家具的な調和

■計画名：富ヶ谷の住宅
■設計：山本陽一
■規模：集合住宅・住戸イノベーション

図1　量販家具メーカーの規格製品キッチン活用事例
集合住宅の住戸リノベーションである。ベースキャビネットの規格寸法を上手く組み合わせ、壁下地にて微調整し、既存躯体にフィットさせている。既存躯体の条件（換気窓の位置、排気ダクト位置、床下排水方式）を整理し、細部の納まりと同時にキッチンレイアウトも平行して考える。

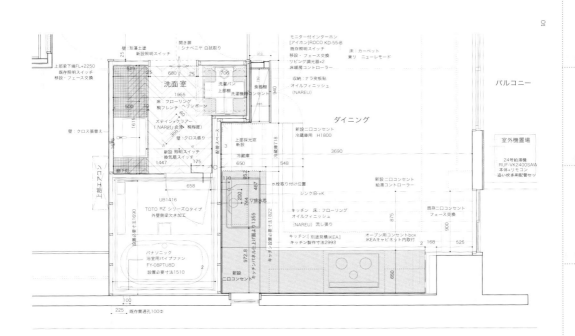

図2　規格製品キッチンによる水回り詳細図

第4章

デザイナーズ冷暖房設備

4.1 ルームエアコンを賢く納める

　住宅や集合住宅における空調は、ルームエアコンが主流である。室内機を壁掛けし、室外機と冷媒管で結んで冷暖房を行う。室内機はおおよそ幅800mm×高さ350mm×奥行き250〜350mmほどのボリュームとなり、無造作に壁に掛けるだけで済ますと、インテリアのデザインを損ないかねない。

●専用スペースをつくる

　ルームエアコンの室内機を専用スペースをつくり、そこに収納するように設置することで、インテリアデザインの邪魔にならずにすっきりとした室内の空間となる。例えば図1は、隣接するシューズクロークとの境となる壁に凹みをつくり、室内機を収納している。室内機の上左右には設置上の理由から50mm程度のクリアランスを設け、下側には吹出しの邪魔にならないよう、ある程度のクリアランスを設ける（最近のエアコンでは凹みの高さ寸法が500mm必要）。

　ただし、ルームエアコンはあくまでも壁掛け用として製造されているので、このような設置をする時には慎重を要する。吹き出した空気が室内に放出されず、室内機に戻ってくることをショートサーキットと呼ぶが、この状態を必ず避けるよう注意すること。ショートサーキットが起こると、室内機が室温を正確に感知せず設定温度に達する前に自動的に出力を弱めることになる。室内機の承認図をそのつど確認しながら、設置された状態を正確に図面化して検討することが重要である。

　また、図2は袖壁と梁成に幅と高さを合わせた換気ダクトスペースの一部に凹みをつくり室内機を納めた例であり、換気ダクトスペースが冷媒管とドレン管のルートも兼ねている。袖壁には最低限の厚みでフカしてPSとし、冷媒管・ドレン管・給湯管・給水管・追炊き往き管・還り管・ガス管など多くの配管ルートとしている。

●ガラリでエアコンを隠す

　さらに室内機の存在を消すためにガラリを用いることも多い。ガラリとはブラインド状の羽根板を平行に固定したもので、エアコン用に用いる際には木製が多く、容易に脱着できるよう枠と共に製作し、室内機を隠すように設置する。ルーバーを構成する羽根板の断面サイズやピッチについては、設置された際の見栄えと空調としての機能を損なわない透過率を確保したうえで決定していく。ショートサーキットを防ぐため、吹出し部のみ数本抜くこともある（図3）。

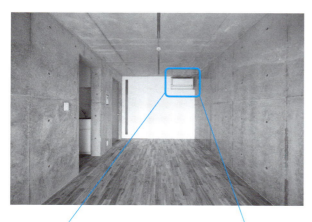

図3 ガラリでエアコンを隠す

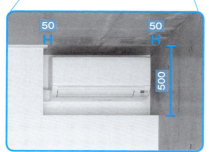

図1 シュークロークとの間仕切り壁に凹みをつくりルームエアコンを納める

図2 ダクトスペースに凹みをつくりルームエアコンを納める

冷暖房設備

079

4.2 ルームエアコンの裏方をうまく納める

●室内機ドレンをユニットバスに流す

　戸建て住宅・集合住宅を問わず、室内空調は壁つけタイプのルームエアコンを用いる。ルームエアコンは室内・室外ユニットのペアで稼働し、その間を2本の冷媒管と制御配線でつなぐ必要がある。さらに室内ユニットでの除湿時の水抜きドレンも配管する必要がある。エアコン単体ではデザイン性の高いものが多い中、配管ルートを検討しておかないとこうした雑多なものが室内に表れてしまう。またこれら配管類をひとまとめにして覆う樹脂製カバーがあるが、これもまた美しいものでない。このすっきりしない問題に対する解決策として、**図1**のような空調設備計画を立て、3台の室外ユニットをバルコニーでなく専用機械室へ集約させ、室内ユニットAおよびBを住戸中央の水回り周辺に配置し、コア部を取り回して冷媒接続し、Cのみ外壁沿いに背面配管とした。

　このうちAは、住戸計画からPSよりもユニットバスのほうが近いため、水抜きドレンをユニットバス内の排水パンに落とすよう工夫した（**図2**）。通常ならPSまで引いてドレンをとるのだが、ユニットバス上部のバス乾燥機に邪魔されドレン管の水勾配が確保できなかったため、このようにした。ただし賃貸型集合住宅などでこの方法をとる際は、機器の交換・メンテナンス時に、ドレン管の接続を切ってしまわないよう注意が必要である。

●増設エアコン用先行配管の仕舞い

　将来的にエアコンを増設したい、あるいは広い部屋を2つに分割したい、といったクライアントの要求に応えるべく、すっきりデザインの先行配管を施しておくとよい。

　図3は、上述Bの室内ユニットにおける、冷媒管、電源、制御通線、ドレン管の先行配管の端部の仕舞い方を示している。冷媒管の端部は真鍮製のバルブになっており、電源コードの先端は雌型防水コンセントが来るが、これらを壁面スリーブから室内に露出させると見苦しい。それを避けるため、図中クローゼットの上板に300×400mm程度の点検口を設け、その上に転ばせておけば増設時に即時対応できる。またエアコン未設置時は、壁面にスリーブもコンセントパネルも設けず、外側からは何もない壁として仕舞い込むこともでき、すっきりデザインとなる。

　電源コードを雌型防水コンセントとしたのは、増設時においてもコンセントパネルを見せたくなかったからである。注意点としては、増設したエアコンを撤去する際、知識を持たない引越業者などによる冷媒管の切断がないように事前説明を徹底しておくことである。

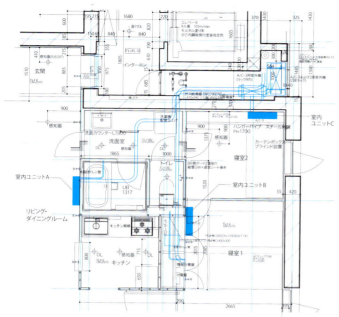

図1 ルームエアコンの冷媒管・ドレンルートの検討図

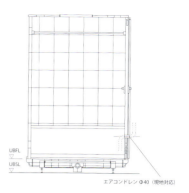

図2 ユニットバス製品図に対する現場対応指示
追焚き浴槽開口などと同様に、ルームエアコンの室内ユニットの水抜きドレンをとる位置をメーカーに指示しておく。ようは現場対応にて40Φ程度の樹脂製フレキ管をつなぎこむことができればよいが、木軸あるいは軽鉄下地との取合いもあるので、施工側とも事前に調整しておくとよいだろう。

図3 クローゼット家具上部の先行冷媒管の末端処理
この箇所のエアコンは引き渡し時に設置されていない。将来増設用であるから室内に向けてスリーブやキャップ、室内ユニット用の電源コンセントパネルなども表れないようにしているため、クローゼット家具の上部に点検口を設け、その上に配管の末端を転がしておくこととした。

図4 将来増設用エアコン未設置の状態
未設置状態の壁面の様子。スリーブキャップが見苦しいので図3のような仕舞としている。

4.3 パンカールーバーで住宅全体を空調する

●パンカールーバーとは

パンカールーバーとは、工業プラント等で、スポット的に空調を行う際に用いる空調用吹出し口である。近年では大規模な飲食店舗の厨房やイベントホール等において多用されているため、意匠的にもすっきりとしたデザインのものが見受けられるようになってきた。給気口本体の構成は、球体の一部に軸流を生む筒状のルーバーがつけられたものが多く、これを手動で回転させ、意図する吹き出し方向へと調節する。天井つけ・壁つけタイプがあり、前者はルーバー部分にて発生する結露滴下に配慮したモデルもある。また後者は吹出し口と人との距離が近くなるため、小型かつ風量の小さいものを複数個用いて局所空調するとよいだろう。いずれも空調流の到達距離が長く、十分な冷暖気流量が確保できるので、広い空間内を局所的かつ効率よく空調できる点が特徴となっている。

●天井・壁に頼らない空調設備の納まり

パンカールーバーの軸流空調の特徴を活かした事例を図1に示す。この事例は森の中に立つ3階建ての住宅であり、最上階の広いリビング・ダイニングルームは、三方のガラス面を通し、樹木に囲まれた豊かな眺望に対して水平に視界が抜ける建築計画となっている。この計画上の開放性・水平性を強く意識し、天井面は埋め込み空調機等がない、フラットな美しい納まりとなっている。これを可能にしているのが、天井・壁に頼らない床下空調設備である。空調室内ユニットの本体はリビング階下のガレージ天井部に納められており、ここからリビング・ダイニングルーム床下の空調配管を通じ、ひとつはキッチンと納戸を集約させたユーティリティ・コア背面のパンカールーバー給気口へ、もうひとつはガラスサッシ下端に沿ってあけられたスリット給気口へと通じている。前者は主に広い居室の狙った場所へと冷暖気を運ぶ局所空調の役割を担い、後者はペリメータゾーン[※1]での冷温気欠損を低減させつつ、ガラス面での結露を防いでいる。図2は前者の給気口まわりの詳細を示している。同型状のパンカールーバーを4つ用いており、単系統ながらそれぞれ個別の場所を狙って気流を届けることができるようになっている。

※1：ペリメータゾーン
窓際ゾーンのこと。住宅やビル建築における温熱環境や空調効率を考える際、外気温の伝播に対するエアバリアを構成するべく、ペリメータ空調を用いることがある。

■計画名：HOUSE AO
■設計者：押尾章治、伊藤啓二／UA
■規模・構造：RC造＋鉄骨造・地下1階地上2階建

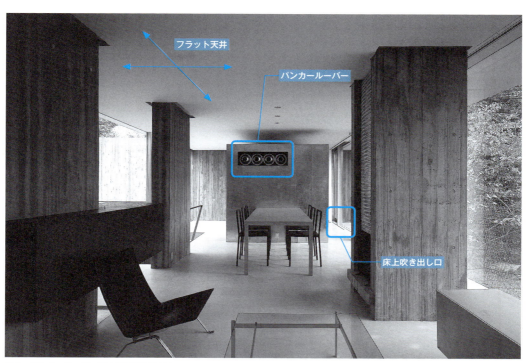

図1　バンカールーバーによる空調システム

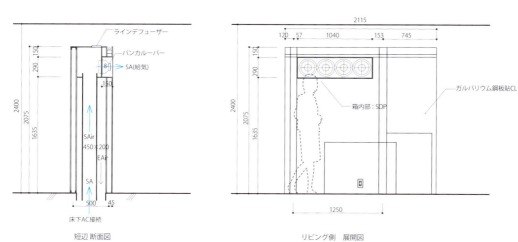

短辺 断面図　　　　　　　　　リビング側 展開図

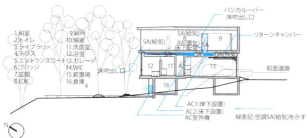

図2　バンカールーバー給気と床下給気

図3　窓部の床上吹き出し納まり

4.4 全館空調の納め方

　全館空調とは、建物のすべての室を一定の温度・湿度に保ち、年間を通して安定した空調をするシステムだ。ルームエアコンによる個別空調とは対照的で、玄関から廊下、リビング、キッチンなどどこへ移動しても常に温度や湿度が変わらず、ある種のストレスレスな快適性が保たれている。温湿度の制御に加えて、ハイスペックの空気清浄機能を備えた換気設備も併用されている製品も多く（花粉対策には効果が高い）、機械によって100％空調管理された環境を得ることができる。しかしながら、ルームエアコンによる個別空調に比べると、設計の難易度が高く、計画の初期の段階である程度の精度を高めた検討が必要となる。

●設計上の要点

　全館空調は、室外機と室内機各1台で建物全体の空調を賄い、適温に調整された空気を直径250φほどのダクトで各室へ送り届ける。住宅としては大仕掛けな設備である。室外機・室内機のサイズは、個別空調と比べると大型になるので設置スペースの確保に注意すること。とくに室内機は機械そのものが大きいうえ、各室につながる太いダクトが複数本集中するので、それらを振り回す余裕を確保しなければならず、メーカーとの打合せが必要となるだろう（図1）。またダクトは一室に対して一本が基本で、廊下や玄関も含めた全室へのルートを確保する。平面的には大きなダクトスペース（DS）が（図2）、断面的には十分な天井懐が必要となり、場合によっては、室の天井の周囲を部分的にフカし、DSをつくる（図3）。無理のない自然な住空間を設えるには入念なダクトルートの検討と構造計画も含めた相応の設計技量を要する。

　他方、室内には小さな吹出しガラリだけが現れることになるので、上記さえクリアできていれば、ルームエアコンの設置に比べると制約がほとんどなくデザイン上の苦労も少ないだろう。

●都内の事例

　図4は、都内の戸建て住宅の平面図だ。高さ制限が厳しい敷地においては、階高を大きくとり、天井懐のすべてに余裕を持たせることに限界がある。しかしながら、ダクトの一本一本についてていねいにルートを探していくことで、一般的な階高に近づけることが可能な場合も多い。例えば、天井を低くしやすい納戸やウォークインクローゼットなどを利用して水平方向にダクトをふり、同様にダクトをまとめて通すPSも大きな出っ張りが気にならない納戸等に配置する。大掛かりな設備が実装されていることを感じにくい住空間ができ上がれば成功だ。なお、ルームエアコンと比べると、室外機が発する音が大きく近隣への騒音となる可能性もあるので、とくに隣地建物が近接した敷地では気をつけること。

図1 小屋裏に納められた室内機とダクト

図2 タテダクトが集中するDS

図4 各階平面図
青で示した部分はダクトと室内機・室外機を表している。多くのダクトを納めなければならず、断面的にも検討を重ねなければならない。

図3 四周の天井を下げてDSをつくる

冷暖房設備

4.5 吹抜け・大空間には床暖房

●床暖房の種類と設計上の注意点

　ルームエアコンや全館空調が、温度調整した空気を室内に放出することで室内に対流を起こし、適温を保とうとするのに対して、床暖房は床を暖めて輻射（放射）を利用した暖房である。フローリングやタイルなど床仕上げ材の下に敷設された温水パネルや電気式のシートの熱によって仕上げ材を暖める方法で、温水式は温水管が一定間隔で通された厚み12mmほどのパネルに温水を流すことで、電気式は電熱線が通された薄いシートに通電し、その抵抗による発熱で床材を暖める。両者の比較は製造メーカーによってさまざまになされているが、温水式のほうが心地よい暖かさでランニングコストが安価な傾向があり、電気式はイニシャルコストが安価なことが多い。床暖房を室全体のメインの暖房として考える場合には、敷設範囲は室の床面の80％が理想とも言われている。なお、温水パネルの場合は、合板1枚分の厚みがあることから、とくに木造住宅の床レベルや梁レベルの設定の際には注意が必要である（図1）。

　仕上げ材については、実験により床暖房に対応していることを確認した商品を選定すること。無垢フローリングなどは熱による膨張や乾燥による収縮を繰り返すことで、床材としては使用できないほどの反りや隙間ができてしまうこともある。また床材を施工する接着剤なども床暖房の熱に対して問題がないことを確認するよう施工者に指示をしておく。

　また在来工法のバスルームにおいて床暖房を施す場合には、下地となるモルタルの層に温水管を折り畳むように敷設する。下地から仕上げ材全体を暖め、冬場冷え切ったタイル張りの床を暖めることもでき、使用後の乾燥にも効果がある。

●吹抜けには床暖房を敷設する

　ルームエアコンなど対流式の空調の場合、冷房によって冷やされた空気は下降し床付近にたまり、暖房によって暖まった空気は上昇する。したがって吹抜けのあるスペースを対流によって空調すると暖房効率が極端に悪くなるので、床暖房を利用するとよい。床暖房は床から1.5mの高さまでを暖める効果があり、足下を暖めて頭部付近を涼しく保つことができ、理想的だ。

　図2はリビング・ダイニングに2層分以上の吹抜けを持つ戸建て住宅である。キッチンまで一体となったひとつながりの空間で、床面のほぼ全体に床暖房が敷設されている。吹抜け上部には南面する大きな開口部があることから、晴れの日の日中には室内に十分な日射を取り込むことができ、自然エネルギーによる暖かさで十分であるが、夕方から夜間と明け方には床暖房を可動させていることが多い。

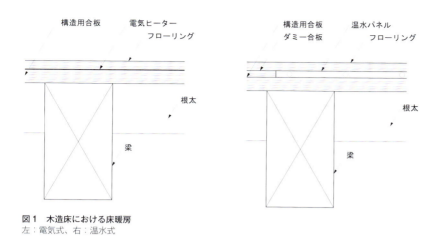

図1　木造床における床暖房
左：電気式、右：温水式

図2　吹抜けのあるリビング

4.6 緩やかに室内気候をコントロールする

●冷温水ラジエーターによるPS除湿型放射冷暖房

　建物が置かれる外部環境は、建てられる場所の気候、1日や年間を通した温度や湿度の変化によって多様である。そうした外部環境の変化に呼応しながら、生活に適した緩やかな温湿度の変化を室内環境に生み出そうとする考え方がある（図1、図2）。4-3で述べた「全館空調」のように、年間を通して常に建物全体の温湿度を一定な状態に保とうとする姿勢とは対照的だ。

　図3は、冷水や温水をルーバー状の鉄製のラジエーターに流すことでラジエーター自体の温度をコントロールし、ラジエーターからの放射を利用して室温をコントロールする冷暖房である。冷房時にはラジエーター自体を結露させ集水・排水し、除湿を行うことも想定され、これらを住宅内の適切な箇所に複数配置することでゆっくりとした空気の流れをつくることもできる。通常、冷暖房機器のレイアウトを計画の初期に積極的に行うことは少ないが、除湿型放射式冷暖房の導入を前提とし、はじめから建物を構成する主要な要素の一つとして捉えて検討を進めることで、心地よく緩やかな変化を持つ室内気候を得ることができる。

　ルーバー状に組まれたラジエーターは設置する場所に応じて自由にサイズを決められるので、広いスペースに大きく設置したり、洗面室などでは、タオルウォーマー（図4）を兼ねたものを取りつけることもできる。また窓際などのペリメータゾーン[※1]に適した形状とすることもあり、弱点となる箇所に局所的に使用できる点でも優れた設備と言える。

●ひとつながりの空間を柔らかに区切る

　除湿型放射式冷暖房を用いて心地よい室内気候を実現しようとする場合には、できるだけ室内をひとつながりの空間として連続させ、適切な位置に放射冷暖房を設置し、ゆっくりと空気の流れをつくり出す[※2]。輻射式冷暖房のルーバー状の形状を利用して、完全には遮断しない透過性のあるパーティションのように扱うことで、ひとつながりの空間の中にも柔らかな領域分けをすることができる。

　図5は都心の旗竿地に建つアトリエ兼住宅である。設計者によると、この建物では住宅とアトリエに明確な境界をつくることはせず、各々のスペースの配分は臨機応変に変動し、互いの生活現象は一意的に定まらない状態だという。断面図（図6）に示すように、ひとつながりの空間に異なるレベルの8枚の床が連なりさまざまなスペースが展開されているが、アトリエと住居の境界は明確には定められていない。輻射式冷暖房を4箇所にデザインし、各々が緩やかにスペースを区切りつつ、室内はどこもほぼ同じような気温になる。熱源の1次側に井戸水を利用することで、熱源機[※3]の容量は空冷式と比較して大幅に小さくすんでいる。

※1：窓際
住宅の断熱性を考える時にもっとも弱点となりやすいのが窓である。ペアガラスやLow-Eガラスを用いてガラス面の断熱性を向上させる対応は増えているが、それでももっとも断熱的に不利であることは否めない。室温より外気温が著しく低い場合には、窓面からの冷気が床を這うように広がり、室内での生活次第ではガラス面に結露も起こりうる。

※2：空気の流れ
室同士を壁やドアで物理的に区切った構成では、室ごとにデザインすることもできる。

※3：熱源機
熱源については、暖房の場合は、ボイラー（灯油、ガス、電気）、もしくはヒートポンプ（電気、ガス）などがあるが、近年では地中熱、木質バイオマスを熱源とすることもある。冷房の場合は、ボイラー以外を使用する。

■計画名：ハウス&アトリエ・ワン
■設計：アトリエ・ワン
■構造・規模：鉄骨造 一部RC造・地下1階地上3階塔屋1階
（図5、図6）

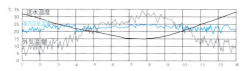

図1　送水温度・室内温度・外気温の変化
1日当たりの平均温度を1年を通して記録したグラフ。

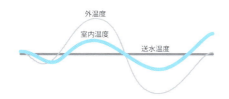

図2　1日の送水温度・室内温度・外気温の変化のイメージ
送水温度を一定にしておくことで、外気温の変化に連動しつつ、快適な範囲で室内温度が変化する。

図3　結露・集水・排水をするラジエーター

図4　タオルウォーマーを兼ねるラジエーター

資料提供：図1〜4：ビーエスグループ

図6　断面図
階ごとに向きを変えてラジエーターが配置される。

図5　ルーバー状のラジエーターで領域分けをする

4.7 掘りごたつと薪ストーブ

　前節までは、ルームエアコンや全館空調による対流式の空調設備、輻射を利用した床暖房や除湿式放射冷暖房設備を紹介した。実際の設計においてはこうした設備的な冷暖房の提案の他、住み手が慣れ親しんだ方法についてのヒアリングもしておくとよい。新築後も継続して使用するということになれば、建築的な準備が必要となることもあるうえ、何よりも全体的な冷暖房の状況を把握しておくと、無駄のない効率的な設計ができるはずだ。

●断面に影響する掘りごたつ

　図1は掘りごたつを設けた木造戸建て住宅の居間である。畳敷きの床面を掘り込み、既製品の掘りごたつのうち暖房設備が備えられた箱部分（機能部）のみを使用し、表に出てくる畳と取り合う框とテーブルは製作している。掘りごたつは、製造メーカーで製品化されており、框やテーブルもセットとなっていることが基本であるが、必ずしもインテリアに相応しい形状や素材・色合いとは限らない。この住宅では、框とテーブルにタモを使用し、障子や他の木部と同様のオイルステイン（OS）[※1]で着色＋拭取り＋ウレタンクリア仕上げとしている。また機能部を納める床下は、ベタ基礎との干渉を避けるため一部を掘り下げている。工事着手から数日で決まるコンクリート基礎形状について、迅速かつ正確に決定しなければならず、RC造の建物と同様の対応と考えてよい（図2）。

●薪ストーブ・暖炉

　薪ストーブや暖炉は、薪を燃やすことで得られる熱を利用した暖房で、本体のみならず排気のための煙突からの輻射熱も利用できる。各室の間仕切り次第では、一台で住宅全体の暖房を賄うことができるほどに効率がよく、暖かさの質も心地よいと言われており、炎を直接眺めたり薪の香りを楽しめる魅力的な暖房である。また、ストーブ回りの壁・床は不燃材を用いることが前提で、煉瓦やブロックなどで仕上げられることが多く、インテリアデザインの大きな要素となる。

　一方で薪の調達や保管場所の確保、使用のたびに薪をくべる手間や使用後の清掃、年に一回の煙突の清掃などメンテナンスも多いことから、これらが懸念される傾向もある。また本体・煙突共にかなりの高温になることから注意点も多い。

　煙突の設置には壁出しと屋根出しがあり、煙突の貫通部には十分な断熱構造をとる。また安全面を考慮して、煙突の終端部と屋根など建物の理想的な関係については図3を参照すること。都内の密集した住宅地では、煙突の処理に難点があるばかりか、排出される煙について、近隣への配慮も気をつけておかなければならない。

※1：オイルステイン
木部に塗装して木目を表しつつ着色する際に用いる塗料。「ペイント」が下地を表さずに塗りつぶすのに対して、「ステイン」は染めるイメージ。

図1　掘りごたつのある居間
テーブルや框は他の造作のデザインに合わせて製作している。

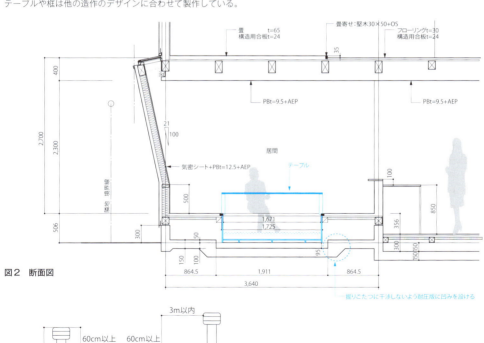

図2　断面図

図3　屋根出し煙突の立ち上げ方
燃焼効率の向上、万が一の煙突火災が生じた場合の安全性を考慮して、本図のような条件を基本とし、製造メーカーや取付け業者の仕様に適合するよう煙突を立ち上げる。

第 **5** 章

自然エネルギーと住宅デザイン

5.1 鋼管杭と鋼板構造体による地中熱交換

●クールピット・システムとは

　クールピット・システムとは、夏涼しく冬温かな地下ピットの地熱効果を、予熱・予冷に活かし、ビル建築等の空調負荷の軽減を図るしくみのことをさす。しかしこれは、比較的規模の大きく、地下室や巨大なピットを有するビルならば、要求通りの性能発揮も期待できるが、住宅で取り入れるとなると、設備・環境の専門知識なしでは難しい。図1は、半地下階を有する狭小住宅の事例であるが、地下1階は階高の1/3が地下に埋まっており、杭長5,500mmの鋼管杭（図4）と1,200mm厚の基礎マットスラブ、および壁立ち上がり部分のコンクリート躯体で地熱吸収を行っている。もともとこの事例の敷地は、地下27mに地下鉄のトンネル軌道が通っており、鋼管杭による地盤改良が必須であったため、地下階を設け、かつ構造全体を鋼板構造とすることで地熱利用を促進させた。図2は、本地下室の構造スラブ配筋と、その下にマットスラブ層の関係を示している。鋼管杭は見えないがマットスラブと構造配筋に鉄筋にて短絡されるため、これらは一体となって地熱の放射・伝達を行う。また内壁も鋼鉄製で、熱を「徐々に」上階に伝える働きを持っている。多層階住宅でもっとも空気の流れが大きいのは階段室であるため、この事例では階段室壁面や階段段板、収納扉も含めて鉄製にしてある。これは、鉄板による省スペース化だけではなく、熱の放射効果をできるだけ最大限に発揮させるねらいもある。また夏場は上階の熱を下階へおくる熱交換装置の代わりになっている。一般的なクールピット・システムに見られる強制送風装置はなく、地下と上階にあけられた窓と、浴室とトイレに設置された強力な換気扇にて換気流量を確保している。なお一般コンクリート躯体のみでは、この方法では多層階への予熱・予冷効果は期待できない。

●地下階は使い方によってカビを防ぐ

　クールピットや地下階は湿気に悩まされる。一般的なクールピット・システムでも、防湿炭を袋ごと山積みするなど対策をとっているが、住宅空間では場所を取るうえに合理的ではない。その場合は、地下階躯体全体をタケイ進化コンクリート防水法[※1]などで打設するか、床スラブと下地モルタルの間に防水コンクリート層を設ける。また、地下階室の用途にも注意する。結露によるカビ発生は、空気の滞留によって引き起こされるため、納戸や物置などにせず、日常的に用いる書斎やホームオフィス等として使用するのもよいだろう。そのことで、本棚・書籍類等が、空気中の湿気を弾力的に吸収・発散するのにひと役買う。日常的に使用して、適度に空気が動いていればカビに悩まされることはない。付け加えると、季節衣類や段ボールに詰めた荷物などは湿気が逃げにくいので、通気の悪いクローゼットと同様、あまり地下階には置かないほうがよい。

※1：タケイ進化コンクリート防水法
専用調剤を生コンクリートに混入させ水密性の高い躯体をつくる工法のこと。タケイ工業による責任施工法。屋根部分は専用浸透液を散布し耐蝕性を上げることで、塗膜・アスファルト防水層なしで屋上防水が可能となる。

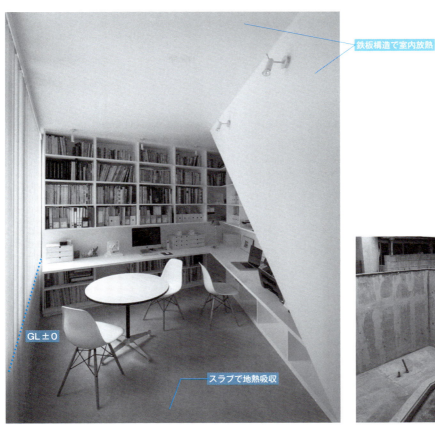

図1 鋼管杭を利用した半地下居室

図3 地熱を表出させる装置としての地下構造体

図2 鋼管杭・マットスラブ・構造スラブの関係

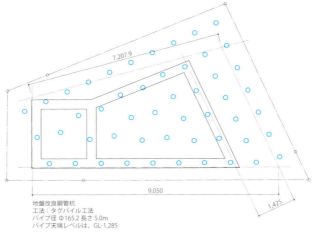

地盤改良鋼管杭
工法：タグパイル工法
パイプ径 Φ165.2 長さ 5.0m
パイプ天端レベルは、GL-1,285

図4 鋼管杭を利用した簡易地中熱交換

5.2 蓄熱土間スラブで縁側空間を暖める パッシブソーラーの基本

●太陽光エネルギーの蓄熱方法

　パッシブソーラーとは、建物が建つ場所の気候や周辺環境を利用しながら、機械的な設備を用いることなく建築的な工夫によって、太陽エネルギーや風などの自然エネルギーを利用して室内の温熱環境を生活に適した状態にコントロールすることをいう。対して機械設備を利用して太陽光エネルギーを利用する方法などをアクティブソーラーと呼び、太陽光発電などがこれにあたる。

　自然エネルギーをもっともシンプルに利用する方法のひとつとして、太陽光エネルギーの蓄熱が挙げられる。パッシブソーラーの基本だ。主に2つの方法に分類できる。

　一つはダイレクトゲインと呼ばれる直接蓄熱型で、蓄熱体で直接太陽光を受けて蓄熱し、その輻射や放熱を利用して室内を暖める方法だ。もう一つは、空気が流れるパネル等で太陽光を集熱し、暖まった空気を地下などに設置された蓄熱体に送り蓄熱する方法である。熱を蓄えるには、硬く重たい物が適しており、建築材料ではコンクリート、石、煉瓦やタイルなどが蓄熱体として有効である。

　蓄熱は室内を暖める際には有効であるが、逆に室内を冷やすことが必要な場面では、日射をカットしなければならないため、軒を深くしたり、簾やパーゴラ、広葉樹を利用して日射を遮る工夫も必要である。

●谷風が通り抜ける土間に蓄熱する

　図1は島根県に建つ平屋の住宅で、ダイレクトゲインによるシンプルな蓄熱のための土間や十分な風通しを得る構成をはじめとして熱環境に対する工夫をさまざまに取り入れた例である。住宅の中央を谷風の通り抜ける土間とし、この床面を蓄熱体としている（図2）。軒の出を調整することで夏場の日射が室内に侵入することを防ぎ、冬の日射は室内の土間に十分に取り込まれる断面計画としている（図3）。夏場はひんやりとした土間となり、冬場は暖まった土間が輻射暖房となる理想的な状態である。その他にも、日射を取り込むための開口部にはガラス戸の他に障子を用いて断熱性を高めることで冬期の夜間の寒さに備え、暖房設備としては、薪ストーブひとつで対応している。夏場に平屋の弱点となる屋根面への直射日光は、屋根上に軽量の土壌と高麗芝を張ることで遮断している（図4）。

　住宅の規模が大きくなった場合でも、こうしたパッシブソーラーの考え方を取り入れることを基本として、機械的な設備は補強的な意味合いで配置していくことも必要と考える。

■計画名：スローハウス
■設計者：江角アトリエ
■構造・規模：木造平屋

図1 谷風が通り抜ける土間

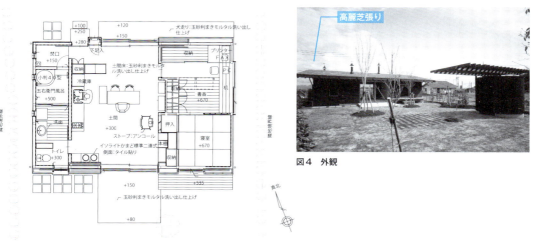

図2 平面図
中央の土間の南北に間口を設けて通風を得る。

図4 外観

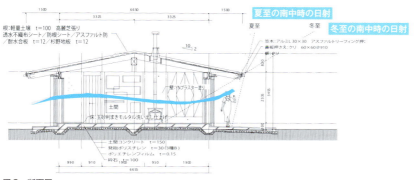

図3 断面図
軒の出により季節によって変わる日射をコントロールする。

5.3 水田の涼気をクールピットで最適化する

●隣地水田の涼気を取り入れる

　植物や樹木の放射冷却効果を利用したパッシブ住宅の事例をここで紹介する。この住宅は図1でわかるように、住宅地でありながら、隣地に水田を有する恵まれた環境に囲まれている。住宅全体は、東側（水田側）に半地下を設けながら、大小の気積を連ね、積極的に空気の循環を促す空間構成になっている。また東側に半地下を設けているが、これは床レベルを下げることにより、水田の景観をより身近に享受する狙いもある。図2中の玄関は、大きな気積の持つ吹抜け空間であり、ここに暖気を集約しつつ、壁面に穿たれたハイサイド開口によって重力換気を行う仕組みを担っている。またここで生じる負圧を利用し、内部空間全体への外気給気を促しつつ、東側の外壁部分に設けられた丸窓のサッシ上部のスリット換気口を通じ、水田の涼気を吸い込む。一方、クールピット内部の空気は、有圧扇[※1]によって常時循環しているため、夏・冬ともに安定した温熱環境を保たれており、ここに水田からの涼気がピット内配管を導通しながら適度に熱交換され、生活環境に適した温度に整えられ、室内に届く。つまり一般的なクールピット利用の形態に比して、取り込んだ第1給気を直接導通していない点が興味深く、またこのことによってピット内の除湿対策にもなっているのである。

　玄関部分の伸びやかな吹抜けと、それに隣接するポーチには、大きな開口やトップライトが設けられており、開放的なデザインである（図3）。大きな開口や吹抜けなどは、その構成全体をして大きな換気装置を成すことで、空調・熱負荷のハンデを補いつつ、あまりある魅力を生み出している。

●存在を感じさせない吸気口の納まり

　図4は、水田側に設けられた丸窓サッシおよび円筒状の窓枠である。大きく穿たれた開口と、4つ並んだこの丸窓の配置のバランスがよく、愛らしいデザインといえる。この丸窓サッシの外側上端には、スリット状の吸気口が組み込まれているのだが、写真の通り、外観上その存在にまったく気がつかない。また窓枠が吸気口の庇がわりになっているため、雨水の浸入も防いでくれている。一般的にはこうした吸気レジスターは個別に設置することがほとんどであるが、この事例のような小規模の住宅建築では、レジスターひとつで外観のデザインを損ねてしまうこともある。とくにデザイン住宅では、外観に現れる要素は少なくスマートなほうが美しい。

※1：**有圧扇**
誘圧換気扇とも呼ばれ、外気の状態に左右されず、一定の風量と負圧を加えながら室内気流を換気・循環させる換気扇をさす。主に工業プラントや飲食店舗などで用いる。

■計画名：東宝木の住宅
■設計者：押尾章治・伊東克明／UA
■構造・規模：RC＋鉄骨造・地上2階建て

図1　水田に向けて開けられた丸窓兼吸気口

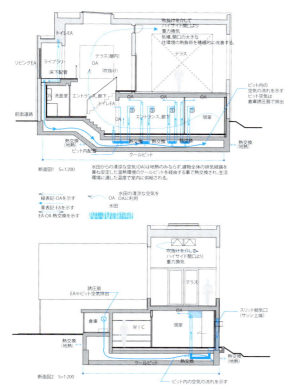

図2　吹抜け重力換気とピット内熱交換のしくみ

図3　玄関部分の吹抜け空間

図4　丸窓と吸気口のディテール

5.4 吹抜け空間のソーラーチムニー

●**重力換気とソーラーチムニー**

　建物における自然換気の方法は、風の通り道を建物の内部につくる風力換気の他、空気の温度差による空気の流れを利用した重力換気がある。温度差換気ともいわれ、高さが異なる位置に開口部がある部屋において、暖まった空気が上昇することで煙突のような状態をつくり、上部の開口からは空気が流出し、下部の開口部からは空気が流入するイメージだ（**図1**）。無風の状態でも上下に開口部を配置するだけで自然に換気される。この方法に太陽光エネルギーを利用して、上昇気流をさらに加速させる方法をソーラーチムニーと呼ぶ（**図2**）。太陽光を集める集光装置となるスペースのつくり方や、開口部の高さ方向の距離によって通風の効果はさまざまで、これを意識して住宅の設計に取り入れることで、より快適な居住空間を実現できる。

●**重力換気と風力換気併用住宅**

　できるだけ機械に頼らず自然換気で建物全体が換気される住宅は一つは理想と言ってよい。図3は、地方都市に建つ戸建て住宅の断面図である。建物平面の中央を南北に土間が貫通し、その両端が開口部となり、大きな引戸と網戸で開閉する。裏の母屋へ通り抜ける動線となり、風力換気のための風の抜け道にもなっている。玄関の引戸にも網戸を設けていることで、夏場の通風にも適している。

　また、この土間は3層分の吹抜けとなり、最上部には南面と西面に開口部を設け、それぞれFIX窓と引違い窓＋網戸としている。風力換気を土間の1階で行うと共に、吹抜け部を利用して重力換気を行う設定だ（**図4、図5**）。さらに吹抜け部には、3層に渡って開口部を設け、1階の土間に太陽エネルギーを蓄熱することで、晴れた日にはソーラーチムニーとしても通風を促す構成となっている。この吹抜けに沿うように居間や寝室、子ども室など合計7つの居室が配置されており、それぞれの室にデザインされた障子や引戸を開け放ち、土間の空気の流れを取り入れすべての室の換気にも寄与している。

　そもそもソーラーチムニーの効果を狙って設計をはじめたわけではないが、自然な感覚で作業を進めるうちに同様の空間のつくり方ができている場合もある。設計の過程の要所で自然換気のチェックを行うことで、機械に頼らない理想の住宅空間をつくり上げることはそれほど難しいことではないように思う。

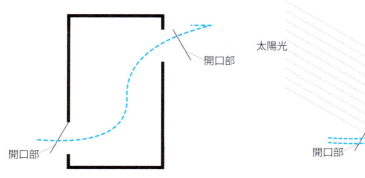

図1 重力換気のイメージ

図2 ソーラーチムニーのイメージ

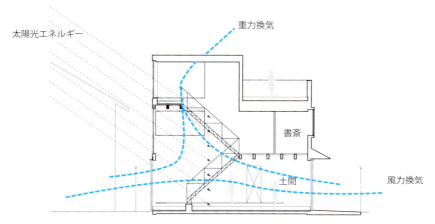

図3 断面図での検討

図4 1階土間から南側をみる

図5 2階から南側をみる

5.5 ３階建て住宅の縦型換気循環システム

●開放性の高い住宅ならではの解決策

　都市部の狭小敷地に高層の住宅を計画する際、ひとつの解決策として「スキップフロア」型住宅がある。これは、各階の機能分離をはかりつつ、全体をゆるやかにつなぐことでスペース効率と空間の伸びやかさを得ることができるのが魅力となっている。しかし一方で、その空間の連続性ゆえ、各階での個別空調が効きづらく、上下階での温度差と空気の滞留が起こるのが難点である。夏場はいくら冷房を入れても下層階のみ冷気が集まり、逆に冬場は上層階だけが暖まってしまい効率が悪いのである。

　図1の住宅事例では、この難点に対し、上下階で起こる涼気・暖気の滞留を、ダクト用換気扇によって強制循環させ、空調負荷の低減を図っている。このシステムは、1階の収納スペース内に設けた給気ガラリから、150φスパイラルダクトを経てロフト2の上端に吹出し口を持っている。またこれらの配管は、途中設けられたダクトスペース兼メンテナンスボックスや、間柱の隙間、壁の内部を通っているため、設備機器としての雑多な姿が生活空間にまったく現れておらず、デザイン上もすっきりとしている（図2）。また吸気口付近は、外壁沿いの収納スペースであるため結露を起こしやすいのだが、空気を循環させると収納スペースの換気にもなるのでカビ発生を抑えることができる。ロフトには天窓があり、冬場の陽光を受け小屋裏を暖めるので、それによる暖気が冬場の空調負荷を助けることにもなる。シーリングファンのように稼働状態が目に見えず、住宅全体で快適な環境を維持できるのである。

●導入の有用性とメインテナンスについて

　この方法は、パッシブ住宅の概念に近いものがあるが、蓄熱システムに専用の設備機器を用いていないため、安価に導入が可能である点において合理的であるといえる。戸建て住宅は小さな建築であるので、換気や冷暖房の効率化を求めようとすれば、この事例のように住宅全体でそれを実現すべきものであり、廊下や個室など、小分けになった空間で構成される一般的な住宅では導入しづらいが、開放性の高いリビングや吹抜けでつながる多層階住宅など、デザイン性の高い建築空間への応用時に高い効果が期待できる。また限られた日射の恩恵を屋根面で受けられるという特性からも、市街地の都市型住宅モデルとしても技術移転の可能性があるように感じる。

　この方法は、全階を貫通するダクトルートの確保など、リフォームや後付け施工では対応ができないので、計画初段階から導入検討を行っておく必要があるだろう。また図4のように、換気扇の稼働音対策や、故障の際のメインテナンス性を考慮した場所に本体機器を設置する必要がある。この事例では2階部分に収納を兼ねた点検ボックスを設けている。

■計画名：木場の住宅
■設計者：山本陽一
■構造・規模：木造・地上３階建

図1 3層ダクト式換気循環システムのある「木場の住宅」

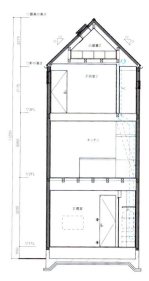

図2 換気循環ダクトの配置

図3 暖気の溜まりやすい小屋裏を快適にする

図4 ダクト用換気扇機器（カウンターアローファン）の設置状態

図5 収納スペース内の給気ガラリ

5.6 玄関ドア横に通風スリットを設ける

●換気通風機能つき玄関扉

　住宅の玄関は、住戸内プライバシーを守る意味において、建築計画的に閉ざされがちな空間であるのに加え、所作行動面からも、脱いだ下足の湿気や匂いがこもる不快な場所になっている。玄関扉を開け放せばこの問題は解決するが、現代の都市生活においては、防犯上それは難しい。これを解決すべく、図1・2のような換気・通風機能つきの玄関扉を考案した。幅850mmの玄関扉と、幅120mmのボンデ鋼板製のスリム扉、サイドパネルをサッシ工事として一体製作してある。サイドパネルと玄関扉は奥行きを140mmほど前後にずらしてつけられており、その間に隠れるような格好で、換気・通風スリットがあいている（図2）。またスリム扉は室内側からラッチで締めるようになっている。この召し合わせ具合とスリット間隔は、外から手や工具を差し入れて解錠できない絶妙な寸法にしてあるので、在宅中であれば開け放していても安全である。またこのサイドパネルがあることにより、室名表示や表札、インターホン設置の拠り所となるだけでなく、インターホン故障時には室内側の点検口からメインテナンスが可能である。表面はスピーカーとマイク、呼鈴部分だけレーザーカットされた孔が表れ、すっきりとした納まりとなっている（図3）。またこの幅の広い玄関は、とくに集合住宅では入居者満足度が高い要素となるのでお試しいただきたい。

●給気レジスタを玄関に配置する

　上記と同じ理屈で、給気レジスタを玄関に配置することもお勧めする。集合住宅等での防火区画に絡む場合は、ファイアダンパ機能つきのものを利用すればよい。図5は、振分け構造梁を150φのスリーブ径にて貫通させ、リビングルームの吸気量の一部を担保させた事例である。リビングルームと玄関は門型開口のある開放壁で仕切られており、空気の流れにも支障がでない。また靴脱ぎの床はリビングとフラットにし、湿気やゴミの滞留を防ぐこととした。室内犬飼育場所としても対応すべく、25角のモザイクタイルで仕上げてあるので、水拭き掃除しやすい。ちなみに余談だが、玄関に対面してベンチがしつらえてあるのは、犬用の「ねじろ」と飼い主の「居場所」である（図6）。

図6　換気のよい靴脱ぎをペット空間として有効活用する

図1　幅120mmのスリム換気扇

図4　玄関サイドパネルへの照明・インターホン組込み

図3　玄関扉の製作図

図2　スリム換気扇と玄関サイドパネルの詳細

図5　玄関の換気を促進させる給気レジスタの位置

5.7 建築的に日射をコントロールする

建物には日射をコントロールするため、カーテンやブラインド、簾、熱線反射フィルムなど取外しが可能なさまざまな要素が付加される。同じ役割を果たす建築的な要素としてブリーズソレイユ[※1]が挙げられるが、これに似た方法を紹介する。

●西日を遮る可動式縦格子

西日は室内の奥まで差し込む。水平に近い角度で直接視界に入りやすいことから不快に感じたり、また夏場においては暑さを助長することから敬遠されることがある。西側はすべて壁にして、西日とは無関係とすることもできるが、晴れた日のわずかな時間のために完全に閉ざしてしまうのは安易な解決であるし、開くことで得られるメリットを失うことにもなる。

図1の住宅の西側には幅員の広い道路とその両側にゆったりとした空地が広がる。開放的な西側に開いて大きく風景を取り込むため、2階に配されたリビング・ダイニング・キッチンや浴室などほとんどのスペースが西側に向いているが（図2）、上述の懸念との折り合いをつけるべく、西側の開口部には縦格子[※2]を設置している。この縦格子は、季節や時間帯によって開閉することも想定されており、網戸としても機能する。

図3は平面詳細図である。1枚がおよそ幅2,600㎜×高さ2,300㎜の大きな上吊り式のスライド式框戸で3枚引違いで構成される。25×45㎜の米杉[※3]の角材が50㎜ピッチで並び、屋外側にはアルミアングルがビス留めされている。屋内側はインテリアに合わせて角材を白色に塗装し、屋外側はアルミアングルとすることで、格子の奥行きを深くして西日をカットしつつ軽量化を図り、日射や雨から角材を保護し、さらには網を固定する押縁の代わりともなる。引き戸錠を取りつけることで防犯性も向上させている。

●道路からの視線と日射をコントロールする水平フィン

図4は、都内の住宅地に建つ戸建て住宅である。南面する建物の正面に固定されたフィンは前面道路からの視線と夏場の日射を遮りつつ、冬場の日射を室内に取り込むようフィンの角度を調整している（図5）。南面の日射を遮るには水平に伸びる庇のような形状が適しているが、これを開口部から900㎜程離して複数枚連ねることで、内部と前面道路の間に層が生まれ、室内空間に奥行きが生まれている（図6）。

いずれの事例も日射をコントロールするためだけではなく、他の役割を追加・兼用することで目的以上の効果を得ている。

※1：ブリーズソレイユ
日射を遮るために建物の壁や窓の外側に取りつけられる建築的な装置で、ル・コルビュジエが命名した。

※2：縦格子
縦格子は西日のような水平の光を遮るのに都合がよい。

※3：米杉
レッドシダーとも呼ばれ、水に強い。雨がかりのある外部に使用されることが多く、建具や外壁、デッキ材として使用されることが多い。

■計画名：駒場の家
■設計：山崎壮一建築設計事務所
構造・規模：木造・地上3階
（図1、図2、図3）

■計画名：世田谷の家
■設計：山崎壮一建築設計事務所
構造・規模：木造・地上3階
（図4、図5、図6）

図1　開放的な西側に開く住宅

図2　平面図

図3　可動式縦格子の詳細（図版提供：青）

図4　前面道路から見る

図6　窓の奥に固定された水平フィン

図5　水平フィンのさまざまな役割

第6章 デザイナーズ換気設備

6.1 アイランド型キッチン排気

●年々変化する排気ダクトまわりの法規制

住宅火災は毎年絶えない。キッチン、とくにレンジまわりを火元にすることが多く、中でも天ぷら火災の火力は絶大で、木造2階建てを全焼させるほどである。消防法・火災予防条例では、こうした日常災害を減らすべく、そのつど規制内容を変更している。メーカー既製のキッチンやレンジフード本体はこれら法令に適合しているが、それらの取りつけに関する不燃仕様については、自治体あるいは所轄消防署の指導に基づき法適合させる必要がある。以下取りつけに関する要点をまとめる（**図1**）。

○レンジフードの本体寸法はコンロ（IH式・電熱式も含む）の本体寸法以上とする
○金属製グリスフィルタを用い、コンロから800mm以上離隔させる
○レンジフード本体まわりに可燃物がある場合、9mm厚以上の特定不燃材で被覆する
○レンジフード本体の上方については同上の被覆のうえ20mm離隔させる
○排気ダクトまわりに可燃物がある場合、100mm以上の離隔距離が必要となる
○排気ダクトを50mm厚以上特定不燃材にて被覆の場合100mm以下の離隔距離とできる
○可燃物を5mm厚以上被覆の場合100mm以下50mm以上の離隔距離とできる

●アイランド型キッチンでの排気ダクト納まり

ダイニングルームとキッチンを開放的につなぎたいという意図からアイランドキッチンを設計しても、排気ルート確保のため天井を下げたり、レンジフード周りで鎧のように被覆が出てしまっては本末転倒であり、デザイン的にも残念な結果が目に見えている。「見せるキッチン」をつくるには、消防法や火災予防条例等を理解し、とくに排気ダクトの取りつけに知恵と工夫を凝らしていただきたい。図2に示す住宅のアイランド型キッチンでは、居室とキッチン通路を一体の大空間に見せるべく、天井を一体のコンクリート打放し仕上げにしており、かつ、それぞれ独立した空間用途とするべく、通路側の床を500mm上げてある。給排水・ガス等の配管は床下を、排気・冷媒管等は天井側にまとめ、のびのびとした住空間を設備機器によって邪魔せずに済んでいる。詳しくみると、キッチン排気は居室内に排気ダクトを見せないよう、**図3**通路側ユーティリティコア内の、冷蔵庫置き場や戸棚家具上部の仕上げ内に納められ、浴室天井内で戸外へと抜けている。またキッチン給水・給湯やガス・排水ルートは、居室と通路のスキップ状段差内に納められ、戸外PSへと配管されている。非常に細く入り組んだルートであるため、ダクトの近接する可燃物部分の被覆には、細心の注意を払い施工されている。

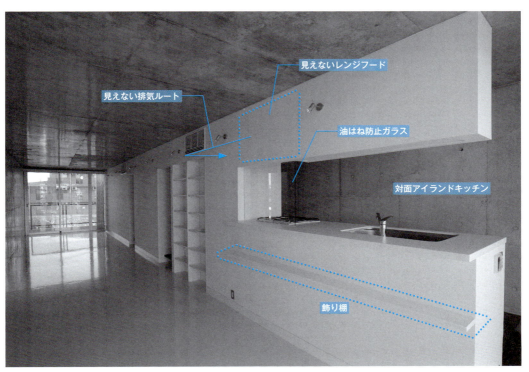

図2　レンジフードの存在を感じさせないアイランドキッチン

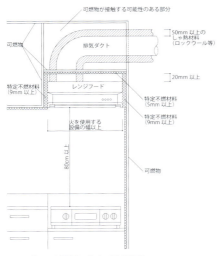

図1　レンジフード設置にかかる遮熱規定
　　（消防法・火災予防条例より抜粋）

図3　ユーティリティコア内への設備配管

図4　バルコニーに突き出す開放的なキッチン

6.2 アイランドキッチンの卓上レンジフード

●キッチン排気に困るアイランド型キッチン

　火気、水、油を日常的に用いるキッチンでは、すっきりデザインを実現させるべく、排気設備の納め方に注力されたい。とくにアイランド型キッチンは、ダイニングやリビングで寛ぐ家族とコミュニケーションが取れるという利点があり、クライアントのニーズも高いが、LDKをすっきりとした大空間に見せるには、一工夫が必要である。とくにレンジフードは、天井面の連続性を断つことになるので苦心する。

　図1の住宅事例では、3つ口のコンビネーションコンロの背に、設備用ダクトのチャンバーボックスを加工した卓上吸気型のレンジフードを設置することで、このアイランドキッチン問題を解決している。吸気口は図2のスパイラルダクトを経て、下階天井フトコロと収納内PSを通り、下階に設置されたシロッコファン本体と短絡しており、その先で屋外に排気される。これらによってLDKを包む大空間の天井には、視線の抜けを邪魔する設備機器類の突出が一切なく、伸びやかでスマートな空間となっている。第3章でふれたキッチンワークトップの類別から見ると、同じくペニンシュラタイプも、ワークトップの先端にコンロ・グリルを配置する場合は、レンジフードの処遇に気を配る必要があるといえる。

●「卓上＋天井スリット」の複合でスマートに排気

　さらにこの事例では、すっきりしたアイランドキッチンを実現しながら、2種類の換気装置によって排気する手法をとっている。炒め物調理の際の油はねは重いため、卓上排気のチャンバーボックス・レンジフードから合理的に排気され、ボックス底に据え付けられたオイルキャッチによって油を集める。また揚げ物調理時には、ダイニング側に油はねの飛散を防ぐべく、ステンレス製の置式のフードをかぶせる工夫もなされている。

　また、コンロ上部の天井面には、筒形の湯気換気扇が設けられており、屋上に向けて排気するようになっている。これは通常用いる換気扇をフードをとり、端部を天井面に空けられた丸孔の見えがかりとしている。

■計画名：野川の住宅
■設計者：押尾章治・伊東克明／UA
■構造・規模：木造一部RC造・地下1階地上2階

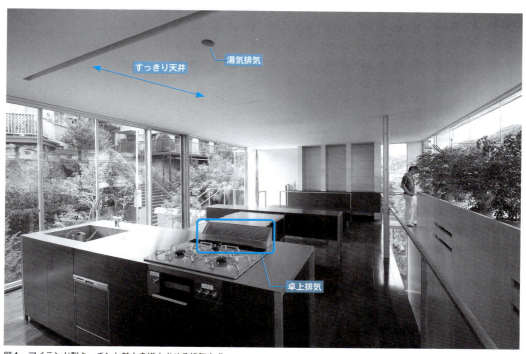

図1 アイランド型キッチンと魅力を増大させる排気方式

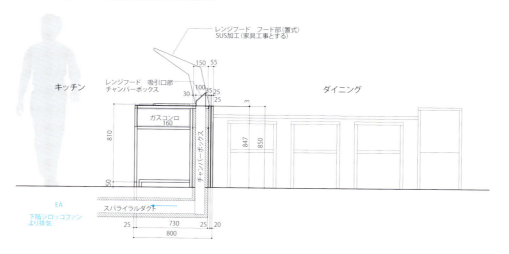

図2 チャンバーボックスを用いた納まり

図3 天井に設けられた湯気換気扇

図4 中庭側からみたリビング・ダイニングルーム

6.3 換気扇等による収納の結露対策

　結露は水分を含んだ空気が露点に達した際に、水分が液化して物に付着することで発生する。建物には結露が発生しやすい場所や部位ができてしまうことがあるので、あらかじめ計画の段階で一通りのチェックをしなければならない。その対策としては、外気に面する床・壁・天井の断熱性を高め、室内空気と仕上げ材表面の温度差を小さくすること、換気を含めた空気の流れをつくることで空気の対流を促して湿気がこもる場所をつくらないことが基本となる。また木造の建物では壁の内部で結露が生じることもあるので、室内の空気が壁内に流入するのを防ぐため防湿フィルムを構造体の室内側に張り、屋外側には通気層を設け、壁内から水分が蒸発しやすい状況をつくっておく。

　竣工後、建物での生活がはじまり季節が一巡すると、建物のどこかに結露が発生してカビが生えるなどということをよく耳にするが、後からの対応が難しいことが少なくないうえ、是正工事は住まい手に負担をかけよいことは一つもない。

●押入、ウォークインクローゼット、納戸などには換気扇を設置する

　空気が密閉されたり停滞しやすいスペースにおいては、一定期間の間にその室を構成する部位（床・壁・天井など）の温度が下がると、室内の空気が露点に達してしまうことが多い。さらに結露が発生した後に空気の流れが極端に少ない場合には、結露水は蒸発せず長い間放置されることになりカビの原因にもなる。筆者はウォークインクローゼットや納戸、洗濯機専用の密閉されたスペースには必ず換気扇を設置することにしている。換気量は少なくてもよいので、トイレや他の室の換気扇と親子[※1]とする程度でもよく（24時間換気を兼ねるのもよいだろう）、空気の流れがあることで結露がほとんど起こらない環境となる（図1）。

●扉に通気性を保たせる

　洗濯機の配置は洗面室や廊下、キッチン脇など住まい手の家事の好みや考え方によってさまざまである。洗濯機はすっきりと扉で隠すなど密閉された環境に配置されることも多いが、日々水を使用したり、洗濯物を乾燥させたりと湿度が変わりやすい環境にもなり得るので、密閉するには不安が残る。図2は戸建て住宅の階段下に洗濯機置場を設けた例である。さまざまな場所から目立つ位置にあるため、扉で目隠しをしているが、扉内部に空気の流れをつくるよう、扉の材料は裏表共に通気性の高い有孔シナ合板を白色塗装仕上げとしたフラッシュ開き戸としている。スライド丁番を用いて丁番を隠し、枠を見せず開閉にはプッシュラッチを利用することで、できるだけ扉としての印象を消し、一見すると、そこに洗濯機置場があることをわからないよう配慮している。

※1：親子（親子換気扇）
換気扇本体1台に対して副吸込み口を連結し、2カ所以上の場所で排気を行う。

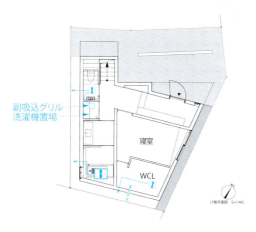

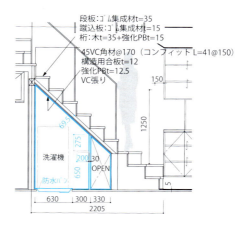

図1　換気扇配置図
浴室やトイレに換気扇を設置することは一般的であるが、ウォークインクローゼットや洗濯機置場、納戸も常時排気できるようにしておくことで、空気がこもらないようにする。

図4　階段下洗濯機スペース断面図
洗濯機スペースの扉を出来るだけ大きくするために階段を支えるささらの成を小さくする必要があった。考え方を変えて、洗濯機スペースの天井に強度を持たせ、これで階段を支えることとした。構造用合板に45×45の角材を170ピッチで固定したものを斜めにかけ、これに階段を載せることで支持し、下部には強化PBを張り天井とした。防水パンは床に載せるタイプのものが一般的だが、洗濯機スペースの高さを確保するため、床に埋め込むタイプの防水パンとしている。

図3　階段下の洗濯機置き場

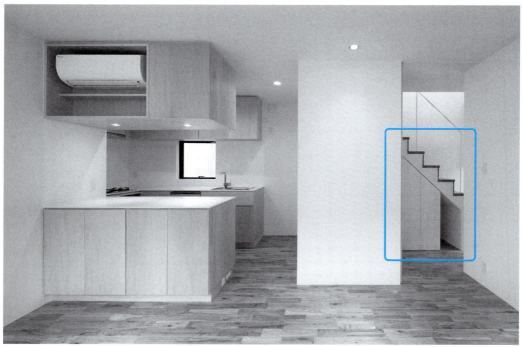

図2　居間から階段を見る

6.4 給気レジスタの位置を工夫しよう

●住宅の換気方法について

　住宅建材のホルムアルデヒドに起因する健康被害を受け、平成15年以降、住宅内換気とシックハウス対策にかかる建築基準法の改正がされた。要点としては、住宅の居室全体を24時間換気し、有害物質の滞留を防止することが目的である。住宅の換気方式は、給気・排気側両方に換気ファンを付ける第1種、給気側のみに付ける第2種、排気側のみに付ける第3種と3方式に分けられる。居室内の負圧調整や定常的な換気量確保の面でいえば第1種が望ましいとされているが、キッチンの換気や脱衣・洗面等での換気ファンがこれら居室換気を代用できるため、第3種換気方式が実質的にはもっとも一般的である。第3種換気方式を採用する際、洗面室等の換気ファンが24時間換気に対応しているものを付けるが、居室ごとの給気量算定に及んでは、給気レジスタ等の給気設備の仕様と箇所数、設置位置に注意されたい。一般的に第3種換気方式では、図2および図3に示す給気設備などが室内外に取り付けられる。前者は給気レジスタと呼ばれ、多くは樹脂製であり、ねじ込み式あるいはプッシュリターン式の開閉機能を備えている。後者は給気ベントキャップと呼ばれ、室外側に取り付けられる。給気ベントキャップは、鉄やアルミ、ステンレス製で、焼付塗装されたものも多く市場に出回っているので、外壁の仕上げにあわせて選定すればよい。また水切りバネや防虫ネット付きのものもある。

●インテリアデザインを邪魔せず機能させるレジスタ位置

　すっきりデザインの住宅をめざして苦心して設計しても、必ず壁面に出てくるレジスタ、これの処遇に悩まされる設計者も多いのではなかろうか。図3は、ダクト径150φのねじ込み式レジスタを、集合住宅の外部に面する壁にすっきりとした印象を阻害せぬよう取りつけたものである。高さ700mmのデスク部分と、345mmのベンチ部分の折れつながる隅部分に外法210φのレジスタがあるのだが、図4のように日常的な目の高さから見るとその姿はまったく見えない。外観側には必要換気量を確保すべく、70㎡前後の住戸で3～4箇所のベントキャップが現れるが、この設置箇所の検討には、意匠的に据わりのよい位置に配置するよう、躯体打設の施工図上でVP管貫通孔の位置を十分検討しておく必要がある。また少々の打設ズレ等も懸念されることから、貫通孔ヌスミ材[※1]の径は、構造的に許される範囲で大きめにしておくとよい。

※1：**貫通孔ヌスミ材**
給気レジスタとベントキャップは通気管にて短絡されるが、その貫通口を躯体に空けるべくコンクリート打設時に型枠に仕込んでおくボール紙製パイプ。

図1　給気レジスタの例

図2　フラット型ベントキャップの例

図4　普段はまったく姿が見えない給気レジスタ

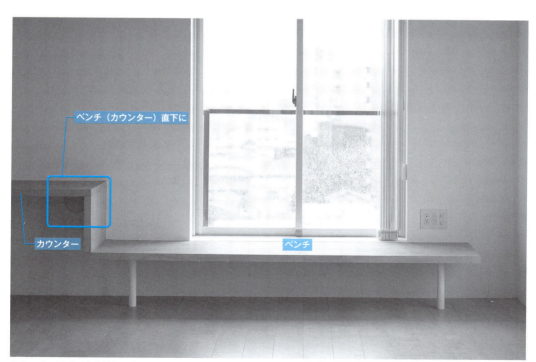

図3　ベンチにかくれた給気レジスタ

6.5 バス換気乾燥機を躯体天井に埋める

●浴室乾燥機

　浴室の換気扇に暖房や乾燥の機能が付加されたものをバス換気乾燥機といい、昨今では戸建て住宅に限らず集合住宅でも設置されるようになった。浴室の天井面や壁面に設置することで、冬場極端に気温が下がりがちな浴室を暖めたり、濡れた浴室や洗濯物を乾かすことができる。室内干しが習慣化している昨今では、集合住宅の単身者向け住戸でも設置されることが多い。とくにバルコニーを設けない集合住宅では、物干し場は室内に限定されるので、外干し不可のデメリットを解消する意味でも浴室乾燥機は必須である。

　設置のために必要となる天井懐は通常の換気扇よりも大きく、天井仕上がりからおおむね200〜250mmのスペースを確保しなければならない。断面計画では仕上がりと構造体との関係に注意し、本体の設置スペースと共にダクト（100φ＋保温材厚）のルートも確認しておく。ダクトは外壁付近では屋外側に勾配をとり、万が一の雨水の侵入に対してさらに逆流しないよう対処しておかなければならないので、その分の余裕もみておく。

　なお、浴室乾燥機には操作リモコンが附属するので、他のスイッチ・コンセントと共に美しくレイアウトして展開図において位置を示しておくとよい。

●躯体天井に埋める

　図1は集合住宅のバスルーム・洗面室である。建物全体の高さ制限から階高2,730mmと設定し、住戸内に小梁を設けないようスラブ厚を厚くし[※1]、250mm＋増し打ち20mmとしている。排水のための床懐をとると浴室の天井高は、2,245mmとなる（図2）。この状況で浴槽上部にバス換気乾燥機を設置しようとすると、設置のために浴室の一部に250mmほどの懐を確保した天井を張ることになるので、部分的にでも天井高が2,000mmを切ることになる。頭をぶつけるまでにはならないが、洗濯物干しの作業なども考慮すると、見た目も動作にも邪魔になる。そこでスラブ厚が通常よりも厚めであることに着目し、構造計画上支障がない範囲で最低限の寸法を割り出して躯体を欠き込んで凹みをつくり（図3）、バス換気乾燥機を通常通り天井に埋め込むように設置した。本体の設置とダクトのつなぎ込みなど施工上の条件をクリアし、またバス換気乾燥機は熱が発生することもあり、この小さな凹みに設置することで熱的に問題がないかも含めてメーカーに確認したうえでコンクリートの躯体を打設している。

　2.8や2.11でも述べたが、現場に入ってから関連業者と綿密な打合せを経ることでしか実現できないディテールは、躯体の打設前に迅速に必要事項を確認しなければならない。そのため、あらかじめ早い段階で現場定例打合せの議題としておくことが大切である。

※1：小梁の省略
小梁は床スラブの荷重を受けてスラブがたわみを抑えるが、スラブ自体に厚みをもたせて荷重に対する強度をあげることで小梁を省略することもある。プランの都合、フラットな天井面とすることが適している場合の構造設計上の工夫である。

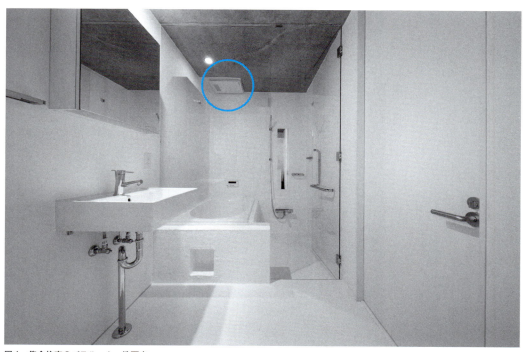

図1　集合住宅のバスルーム・洗面室

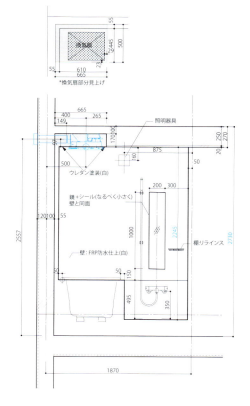

図2　バスルーム断面図

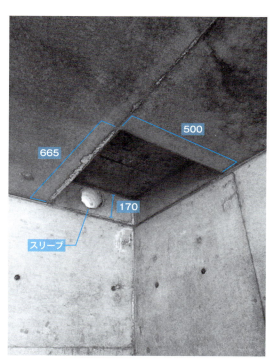

図3　バス乾燥機設置のためのコンクリートスラブの凹み

第7章 外観デザインと設備

7.1 ベントキャップの外壁納まり

●「ツライチ」は打設時に注意する

　すっきりデザインのキーワードのうち、誰もが一度は実践してみたい「ツライチ」。外壁でとくに目立つのが換気設備のベントキャップであり、これをツライチ納まりにて美観を得ようと思うのはデザイナーなら当然であろう。この際は、図1のように、RC打放し躯体の外気側型枠に、ベントキャップの外径プラス20〜30mm程度のヌスミ円盤を釘止めし、フカシとかぶり内にこのキャップ部分を埋没させる方法をとる。このヌスミ円盤は脱型時に取り外しやすくするために、図2のように若干のテーパー処理があったほうがよい。しかし脱型しやすさだけを重視してスタイロフォーム等でヌスミ材をつくると、打設時のモルタルや砂利の勢いに負けて脱落・欠損する。またこのとき給気スリーブはVP管を共打ちにしてしまえばよいが、躯体施工図の時点で位置と径を十分検討し、型枠工事の際やコンクリート打設時に芯ズレ・落下・欠損などが起こらぬよう、現場での注意も必要だ。箇所数が多いだけ神経を使うが、うまく納めた際の喜びもひとしおである。またこのツライチ納まりは美観的なメリットだけでなく、いわゆる「しとしと雨」による黒い雨だれジミの付着を低減させるというねらいもある。フッ素コート外壁であっても2、3年のうちにベントキャップ下端に黒いシミが目立ってくるので、これを嫌うならツライチは一考の価値ありだ。

●水切りリップと「半ツライチ」で雨だれジミ防止

　ベントキャップのツライチ納まりは、建築家等によるデザイン住宅では比較的ポピュラーな方法であるため、それに合致したフラット型の製品が数多く市場に出回っている。またこれらには雨だれ筋付着の防止効果を高めるべく、水受けハネのついたものや、キャップ下端が水切りリップ形状になっているものがあるが、ツライチ納まりでこれを用いる場合、逆効果になることが多いように感じる。さまざまな現場を観察すると、ヌスミ寸が深すぎ、水切りハネやリップ先端と壁面の離隔が十分でない場合、折角水切りで切った雨水が、外壁に接触し、そのまま外壁に伝って滴下する現象が多く看取された。そこで考えたのは図3に示す「半ツライチ」である。ヌスミをまったく取らない「ポンづけ」より効果的であり、かつ「ツライチ」よりも深く埋没しないのでリップからの滴下雨水を壁面から離して落とすことができる（図4）。また、構造的にも躯体を痛めることが少ない点でも合理的であるといえる。図5は、10階建集合住宅にてこの半ツライチを実践した例であるが、なるべくセキ板の継ぎ目に揃えて汚れが目立たぬよう、設置位置を調整している。

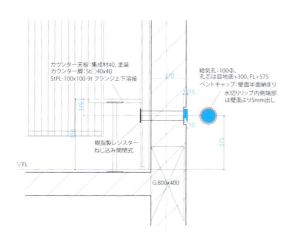

図4 「半ツライチ」雨水滴下時の様子

図3 「半ツライチ」納まり詳細図

図1 ベントキャップとヌスミ材

図2 脱型を考慮したテーパー形状

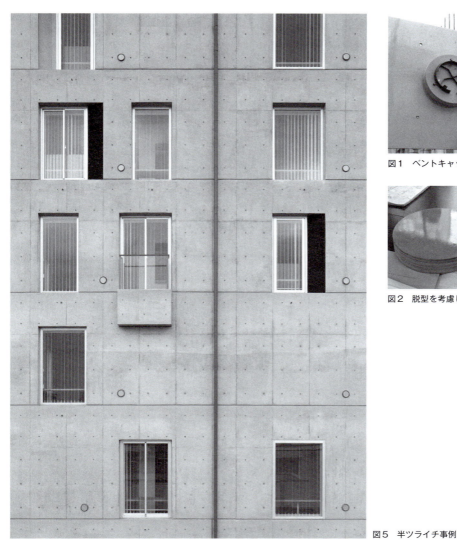

図5 半ツライチ事例

7.2 給湯熱源機の基本を知る

●ガス給湯器の選定

　ガス給湯機の種類は大変豊富で、一見すると機器選定に困るが、主に以下の3つの指標をもとにすると絞り込みやすい。

1）容量：出湯能力に違いがあり、16号・20号・24号などの給湯号数[※1]で示される。

2）用途と使い勝手：風呂湯沸かしを兼ねる場合は「フルオート」と「オート」[※2]から選択し、給湯専用の場合は「オートストップ」をつけるか否かを選定する。温水床暖房の熱源としての機能を加えることもある。

3）設置場所：「設置フリー形」（図1）「PS設置形」（図2）「屋内壁掛け形（強制給排気型）」など設置場所と排気方法の違いによって複数の種類がある。戸建て住宅では「設置フリー形」を外壁に取りつけることが多い。

　以上に加えて高効率ガス給湯機（エコジョーズ）（図3）も検討する。

●ガス給湯器の設置基準

　ガス給湯器の設置基準には多くの細かな規定がある[※3]。その目的は、給湯器を安全に稼働させて不完全燃焼を防ぎ、排気による一酸化炭素中毒などの危険性をなくすことである。とくに集合住宅の設計においては、筆者の経験上、理想とするプランに理想とする状態で設置することが規定により困難な場面が多く、設計の初期の段階から給湯器について意識しながら設計を進めている。例えば、3方を壁で囲まれたインナーバルコニーに給湯器を設置する場合（図4）、バルコニーのサイズや手摺りのつくり方、サッシの位置、排気の仕方などが細かに規定されているので、他のケースについてもそのつど、確認しておくとよい。判断が難しい場合には、給湯器メーカーに問い合わせ、建物の図面を渡して給湯器の設置場所と給排気のルートが規定を満足しているかを確認しておくとよい。

●電気温水器とエコキュート

　電気温水器とエコキュートは主に割安の深夜電力を利用して水を暖め、貯湯タンクに貯めておき、使用量が多い時間帯に給湯する。ガス給湯機にはない貯湯が特徴的なので、採用の可能性がある場合には計画の初期にタンクの設置スペースを検討しておく必要がある。両者の違いは、電気温水器がタンクに内蔵された電熱ヒーターを熱源として湯をつくるのに対して、エコキュートはヒートポンプ[※4]を利用して湯をわかす。エコキュートは、貯湯タンクとエアコン室外機のようなヒートポンプユニットが必要となり、ヒートポンプ式のため少ない電力で高効率な運転が可能である。タンクの設置場所は屋外、屋内ともに可能であるが、ヒートポンプユニットに関してはエアコンと同様屋外に設置することになる。想定される使用人数から使用量を割り出し、タンク容量を選定する。

※1：給湯号数
24号とは水温＋25度のお湯を1分間に24L出湯する能力。4人家族であれば24号が適していると言われている。

※2：「フルオート」と「オート」
「オート」とは浴槽の湯はりに際して「温度」と「水量」を設定し、自動で湯はりを行い、湯が冷めれば自動で追い炊きを行う。「フルオート」とは、この機能に「水位」を設定して自動で足し湯をするなどの機能が付加される。

※3：設置基準
詳しくは「ガス機器の設置基準及び実務指針／一般財団法人　日本ガス機器検査協会」（通称「黒本」）に記載されており、意匠設計においても、参照しておくことが望ましい。

※4：ヒートポンプ
低温の冷媒で空気中の熱を吸収し、コンプレッサーで圧縮することで高温化させて熱交換（この場合は水と熱交換する）を行う。エアコンや冷蔵庫などにもこの原理が使われている。

図1 設置フリー型
給湯器下部には給水管、給湯管、ガス管が接続される。さらに「フルオート」「オート」の場合は、追い炊き用の往き管・還り管が、「エコジョーズ」の場合はドレン管が接続される。

図2 PS設置型

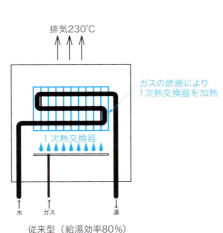

従来型（給湯効率80％）　　エコジョーズ（給湯効率95％）

図3 エコジョーズの概略図
排気熱を再利用し、効率を向上させている。

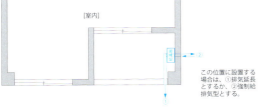

図4 インナーバルコニーに給湯器を設置する場合の規定

7.3 給湯・熱源機を隠すための工夫

　集合住宅においてガス給湯器を美しく設置するためには、安全面に配慮されたさまざまな規定をクリアしながら計画をする。共用廊下のメーターボックス内に納める方法がシンプルで無難な方法であるが、規定を満足できず、やむをえず生活スペースであるバルコニーに設置するケースもある。

●カゲにひそめる

　RCラーメン構造の建物では柱・梁のサイズや位置、またそれらとサッシやスラブとの関係を繰り返し検討することによって整理された違和感のない空間ができあがる。図1は集合住宅では、奥行きの広いバルコニーに柱と袖壁の間に凹んだスペースをつくり、ここに給湯器やエアコン室外機を納めている。一方の壁は室内からバルコニーまで1枚の壁が連続するようにサッシを納め、他方は袖壁と柱のラインを合わせることで室内とバルコニーが連続した一体のスペースとなるようデザインしている（図2）。この脇にできあがったポケットに、できるだけ目立たせたくない給湯器やエアコンの室外機をカゲにひそめるように納めている。バルコニーにこれらの機器を配置するには、エアコンの冷媒管や給湯関係の配管（給水・給湯・追炊き用の往き管と還り管・ガス管）など多数の配管ルートを確保しなければならない。できる限り表に表れないよう、雑壁[※1]を利用して多数のスリーブを設け、室内側の仕上げをフカシてPSとして配管をきれいに納めている。計画の初期の段階で、こうしたポイントを押さえながら、給湯器や室外機の置き場を早めに想定することで、主要な構造である柱の位置について、バルコニーのどの位置に配置するかを総合的に判断することができる。

●カゲをつくる

　建物の外観を見る位置は、前面道路に立った人の視点や庭に立った人の視点など、地表面付近であることが多く、見上げの状態で眺められることを意識しておきたい。建物の外観は垂直面の投影図である立面図で検討することも重要であるが、同様に断面図や模型でも確認することが大切で、外観を構成する要素は外壁や開口部のみならず、高さによっては軒裏が主要な要素となることにも気づく。

　このような意識から図3では、バルコニーに設置した給湯器が外観上隠れるよう工夫をしている。衝立状のコンクリートの板をバルコニーに置くようにして設置することで給湯器が隠れるようカゲをつくり、これを手摺りの一部とした。断面図に示すように、給湯器は衝立より高い位置に設置されているが、道路から見上げた時には隠れることを模型でも確認したうえで計画を進めた（図4）。

※1：雑壁
コンクリートの壁のうち、耐力壁ではなく、構造として参加しない壁。鉄筋量が比較的少なく、スリーブの位置を調整しやすい。

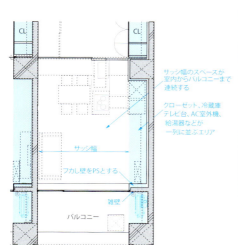

図1 住戸平面図

図2 内観写真
給湯器やエアコン室外機が隠れる。

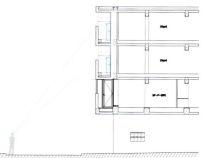

図4 断面図
人を描いてその視線から外観をチェックする。

図3 道路からの外観
コンクリートでつくられた衝立でバルコニーにカゲをつくる。

外観デザイン

7.4 室外機を美しく隠す

●住宅設備機器の「裏方」を集約する

　集合住宅設計でいつも悩ましいのは、どうしても設備機器の雑多な姿が表に出てきてしまうことであろう。例えば、バルコニーにはエアコンの室外機が置かれ、ガス・水道・電気に至っては個別検針のメーターボックスが廊下側に幅を取り、あげく玄関横には給湯器の熱源が現れる。これらをいかにしてすっきりデザインに仕立てていくのかは、デザイナーの腕次第であるが、場合によっては、そうした裏方を一箇所に集約してはどうか。

　図1は、各層3住戸の賃貸型集合住宅の機械室である。各戸分のマルチエアコン3台、給湯・床暖房熱源3台、ガス・水道・電気メーター3セットにキッチン吸排気ルート3本、3住戸分のMDF盤、個別ゴミストック場所を兼ねている（図2）。外壁に向かっては図3のように、FRPグレーチング板によって十分な開放性をとり、室外機のショートサーキット化を避け、熱源機への通風を確保している。また階段室と廊下に接しているため、入口は「日の字」枠のみの簡易スチール扉をつけてある。各戸からの排気・給排水ルートはすべて廊下天井仕上げ（FRPグレーチング板貼）の内側に収まっており、配管の粗雑さを表に出さないでいる。またこの廊下天井の納まりは、非常用照明FLのライトボックスにもなっており、建物ボリュームを明かりの筋で割るような美しい表情を醸し出す（図3）。集中機械室化の副次的なメリットとしては、機械室内に雨水縦といの逃げ道を確保できることもあげられる。外壁に多く縦樋を設けたくない場合、有用である。

●レンタブル比低下と投資効果のバランス

　戸建て住宅でも集合住宅でも、集中機械室は共用部空間であるため、その確保は投資効果を下げることにつながる。専有面積を減らしてまでも有用と言えるのだろうか。一方で、賃貸型デザイナーズ住宅を指向する住み手は、共用部も含めて自宅として空間性能を享受したいし、見かけ上の専有面積に賃料対価を支払うような消費の姿勢ではないようにさまざまなケースから感じられる。バルコニーは室外機などで邪魔されず使いたいし、ゲストを呼んでも恥じる必要ないほどすっきりした玄関は誇らしい。また決められた日まで戸外でストックできるゴミ置き場やトランクルームといった空間は、住んでみて初めてわかる住宅の良さであり、住み手の満足度は計り知れない。こうした一見すると良さがわからない価値は、住み手の長居に直結する。

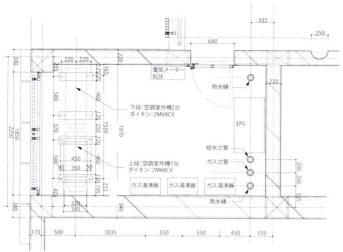

図1　3住戸分集中機械室平面詳細図

図2　集約された機械置き場

図4　東側立面への機械集約によるフラットバルコニー

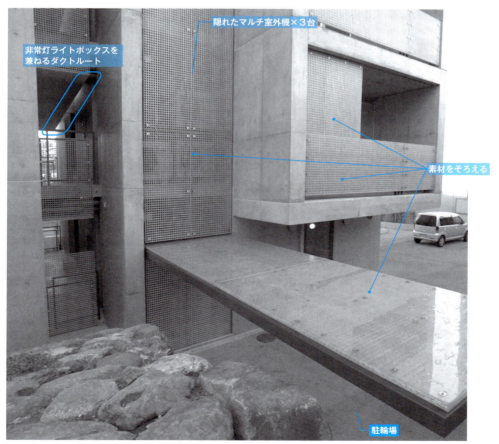

図3　FRPグレーチング板越しに見る3住戸分のマルチ空調室外機

7.5 エレベータで人の動きを可視化する

●エレベータの基本

集合住宅の共用部でもっともよく使われるロープ式機械室なしタイプ[※1]のエレベータについて、その基本や設計の手順について述べる。計画の初期においては、住戸数・停止階数からピーク時の交通量を割り出し、エレベータの定員人数・速度・台数を決定する[※2]。平面的にはエレベータシャフトの有効寸法とドアの必要開口幅を確認し、断面的にはオーバーヘッドとピットの最低寸法を把握し、基本設計を行うとよい。ラーメン構造ではシャフト内に梁が必要となる場合も多く、梁幅がシャフト内有効寸法を決定することもあるので注意が必要である。製造メーカーにより、ドア・カゴ内部の仕上げや照明などの仕様がさまざまだが、その選定については実施設計において決めればよいだろう。

またエレベータを開放廊下や屋外階段に近接して配置する場合には、雨がかりに注意すること。床の水勾配はエレベータのドア下を水上としシャフト内への水の侵入を防ぎ、エレベータ前の軒先・壁端部から45度ラインにドアがかからないよう計画することが推奨される（図1、図2）。図3は屋外避難階段[※3]の開放性を保ちながら、雨がかりを防ぐよう躯体からガラスの庇を持ち出した例である。エレベータドアと同材のステンレス製のフレームを使用し、ステンレス製の手摺りから控えをとり、これに強化ガラスを固定している。

●エレベータで人の動きを可視化する

エレベータはよほどコストをかけない限り、基本的には製造メーカーで決められた仕様を選択し、オプションを追加していくことで決定される。せいぜいドアやインジケータの納まりに気を遣う程度に留まってしまい、意匠的にはエレベータ自体をデザインする余地はほとんどないと言ってよい。しかし本体自体をデザインしなくとも、図4のようにエレベータの垂直方向の移動を外部に見せることで、建物内の人の動きを可視化し、外観に動きを生み出すようなデザインは可能である。

この立面は、1辺が同寸法の正方形の穴が複数穿たれた3枚のコンクリートの壁によって構成されている。向かって左から3列面の開口部は、防火設備としての仕様を満足したガラスが嵌められ、エレベータシャフトの窓となっている。これだけでもエレベータの動きが外部に現れるが、さらにエレベータのかごにメーカーで定められた範囲で窓を設け、夜間にはカゴ内の明かりが動きながら外部に漏れ出す状態としている。建物は6階建てであるが、この壁の穴だけは7段として立面全体の堅さを抑え、階によって穴の位置が少しずつずれることによってわずかに違いを生み出している。

※1
ロープ式の他、低層建物に適した油圧式、リニアモーター式がある。

※2
メーカーのカタログに記載の早見表を参照するとよい。住宅用と乗用で異なる。

※3
集合住宅は建築基準法上、「共同住宅」に分類される。「共同住宅」は特殊建築物なので、6階以上となると2以上の直通階段を設けるか、「屋外避難階段」か「特別避難階段」の設置が義務づけられる。それぞれ階段の構造の規定が細かく定められている。

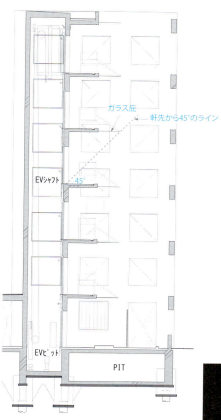

図1 エレベータシャフト回り断面図

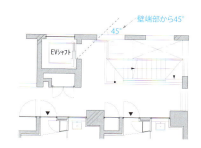

図2 エレベータシャフト回り平面図

図3 屋外避難階段からエレベータをみる

図4 外観夜景
エレベーターの移動が可視化される。

7.6 連結送水管をすっきり納める

●「レンソウ」は思った以上に手強い

　高所での消火活動を補助するため、防火対象物であり地階を含まない7階建て以上の建築物や、5階建て以上かつ延べ面積6,000㎡を越えるものなどには、消防法で連結送水管（非常用放水口設備）の設置が義務づけられており、通常7階建て以上の集合住宅では必須となる。住戸用の給排水・衛生設備に比べ、連結送水管の設置コストは高い。全面道路付近にステンレス鋼管による取水口を設け、そこから建物各階に150φ程度の肉厚の炭素鋼鋳鋼管またはねずみ鋳鉄管をつないで導入していき、各階共用部の放水口に短絡する。鋳鋼管は非常に重く、屈曲部のエルボ部材も大きい。また運用基準上、放水口付近やエルボ付近では点検時対応の離隔余地が必要であるため、集合住宅などのスペースに限りある建物の場合では、非常階段付近の外壁側に送水管ルートを確保し、室内に飛び込ませる方法が一般的となっている。しかしこの方法だと外観上見苦しいだけでなく、降雨や日射を常時受け、管の劣化が早まるので、限りがあるスペースであっても屋内配管に徹するべきである。

●雑多な「レンソウ」を設備パネル内に納める

　図1は、前面道路側外壁躯体の裏側の、有効寸法985mmの柱間に、連結送水管設備を納めた事例である。一見すると、外部からは図2のように、これらの雑多な設備類の存在がまったく見えず、すっきりデザインとなっている。また放水口取水栓の筐体や、連結送水管の取り回し、雨水縦管や消火器置き場をパネル回りの納まりによってまとめることで、狭い廊下部分をすっきりさせている（図3）。

　これは、駐輪場を各階の廊下を広く確保していることと、1フロア1住戸の形式をとっているため、共用廊下であってもセミプライベート[※1]な使い方を可能にするための工夫となっている。

　施工段取りでは、もっとも重量のある連結送水管の据えつけがまず初めに行われ、その後取水栓筐体の据えつけをし、下地を含めたボンデ鋼板パネルの取りつけを行った。先行配管の接合部の取外しをせずパネル設置を可能にすべく、上端をU字形状に切り抜いてあり、管上端の半円をカバーする部材を平ビス止めとして組み合わせて全面パネル化とした。消火器は筐体および非常灯直下に並べて配置したのは、この場所に非常用設備一式が集約されていることを、日ごろから意識してもらうためのアイデアでもある（図4）。

※1：セミプライベート
集合住宅を計画する際の領域概念のひとつ。住戸内の専有部をプライベート空間としたときに、共用部としての廊下を専有的に扱うことをここでは指している（法的には廊下は共用部）。

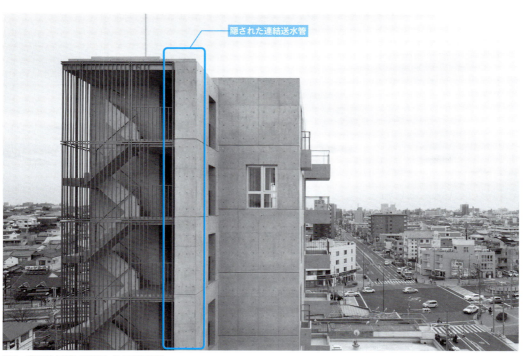

図1　連結送水管設備をまとめた廊下外壁

図2　階段室側から見ても目立たない

図4　すっきり廊下でセミプライベート空間化

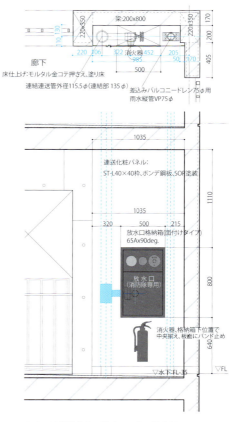

図3　連結送水管・放水口パネル納まり

7.7 外観に見せる雨樋

●サッシ枠と意匠的にまとめられた雨樋

　雨樋とは、屋上や屋根、バルコニーに降った雨を排水する専用縦管であり、通常外壁に見えるかたちで設置される。素材としてはVP管（硬質塩化ビニル製の厚肉管の略称）やVU管（同薄肉管の略称）といったビニル系設備用配管材を一般的には用い、途中壁面に固定金具で固定しながら地上まで導通する。必要な排水量を確保するには十分なサイズの口径と水下箇所の分だけ本数を要し、とくにバルコニー等の集水箇所では、エルボ・曲げ配管等がみっともなく現れるので、これらを計画初段階から意識しておかないと、外観の美しさを損ねることにもなる。

　図1は、計画的に隠しようがない雨樋を、サッシ端のコーナー部分に意匠的にまとめた事例である。**図2**の詳細図のように、FIX窓のサッシ枠を支えるアルミ製L字柱のアルミ材をサッシ工事としてつくり、その窪み部分に金物工事として48.6φのステンレス鋼管を屋根の雨樋として四方の出隅に取りつける。隅にまとめることで、アルミのL字柱の縦方向の意匠に視覚的に紛れさせ、外見上は見えつつも、樋としての存在感を感じさせないように工夫してある（**図3**）。素材を揃えるべくアルミ管を用いることも考えられるが、手を掛けた際に曲がってしまうのと、長期使用による劣化の恐れがあるので避けたほうがよい。またこの雨樋の放水端の下には、ウェッジ型のアルミ曲げ物をつけ、水受け代わりにし、雨水の滴下音の軽減を図っている。

●立面にリズムをもたらす雨樋

　ビル建築においては、共用部PSなどが面積的に確保できない場合、外観に雨樋を取りつけざるを得ないケースもある。**図4**の集合住宅事例では、南側外壁に一箇所だけ屋上からの雨樋が現れているが、屋上の水勾配を調整することで、雨水ドレンおよび雨樋を意匠上、据わりのよい「黄金分割」の位置においている。これはコンクリート高層建築の量感的な印象を軽やかにし、立面にシャープなリズムを生み出すことが狙いもある。また引渡後のメンテナンスやトラブル時を考慮し、破損しやすいVU管ではなくVP管を用い塗装を施した。壁面への固定金物もバルコニー手摺りや階段格子と同色に塗装し、ファサードのトーンを合わせている。雨樋も気の使いようによってはデザインの一要素にもなり得るのではなかろうか。

図1 サッシ枠アングル材と意匠的にまとめられた雨樋

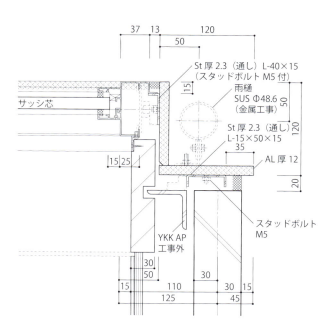

図2 サッシ図およびSUS管樋詳細図

図3 見せながら目立たない雨樋の様子

図4 立面にシャープなリズムを生み出す雨樋

7.8 外観に見せない雨樋

●**工場製作時に軒樋をつくる**

　戸建住宅は小さな建築なので、窓一つ、樋一本が外観デザインの造形に大きく影響する。とくに屋根と樋についてはいつも処し方に苦労する。陸屋根ならばパラペット内で集水し、縦樋で排水すれば済むが、勾配屋根の場合は、軒先に水平に走る軒樋をつける必要がある。最近ではステンレス製ヘアライン仕上げのものや、着色済のデザイン性の高い軒樋が市場に出回っているが、取りつけ方法に工夫を凝らさないと美観を損ねてしまう。

　この問題に対し図1の事例では、軒樋を外観に見せず、屋根面に組み込む方法をとっている。この住宅は、全構造体がSS-400鋼板を溶接形成した109mm厚のサンドイッチパネルから構成されており、屋根面も同じパネル構造体である。工場製作時に軒樋の溝加工は済ませてあり、水下にあたる軒先部分には水切りリップを、勾配のゆるい端部では止水リップとして仕舞ってある。折り板形状の前後で降った雨水を流し分け、2箇所のL字軒樋の溝に集水し、VU縦樋にて排水する。こうすることで軒樋・縦樋とも存在感を消すことができ、パネル構造体の薄さを外観デザインとして表現することができた（図2）。

●**バルコニードレンを躯体に打ち込む**

　次に、集合住宅のバルコニードレンを躯体に打ち込んだ事例を紹介する。通常、集合住宅のバルコニーは、避難経路確保のため、破砕可能なスクリーンで隔てられている粗末なもので、ドレンの仕舞いもエルボ部材を多用した粗雑な配管になりがちである。これらを外観から見えないよう納めることで、バルコニーをすっきりした空間としてデザインすることが可能になる。図3は、東西に並ぶ2住戸とそのバルコニーを隔てる厚さ340mmのRC壁内に、各階の中継ドレンおよびそのジョイント部材を共打ちした事例である。各階のコンクリート打設時にVP管および中継ドレンを型枠に仕込んでおく。ドレンは集水目皿からモルタルが入らないよう、養生した状態で据えつける。打設完了後はステンレス製化粧パイプを鞘材として上階部分のVP管とつないでいった。

　またこの事例のバルコニーは、東西2系統に分かれて避難ハッチ経路が計画されているので、各住戸のバルコニーは互いに高いプライバシーを保ちながら伸びやかに使うことができる。また図4のように、屋上からの雨水縦樋（VP管、75φ）も同時に打ち込むことで、南側の外観を阻害するものが表に現れない。またそれらの末端は、外構に設けられた集水枡へと放水される（図5）。

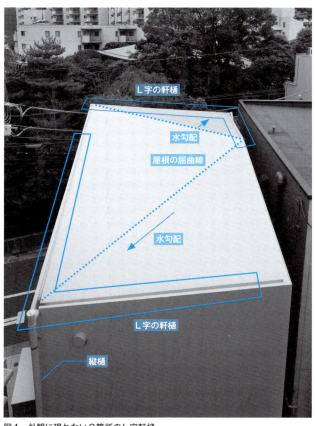

図3　躯体共打ちバルコニードレン

図5　バルコニードレンおよび雨水縦樋の放水仕舞い

図1　外観に現れない2箇所のL字軒樋

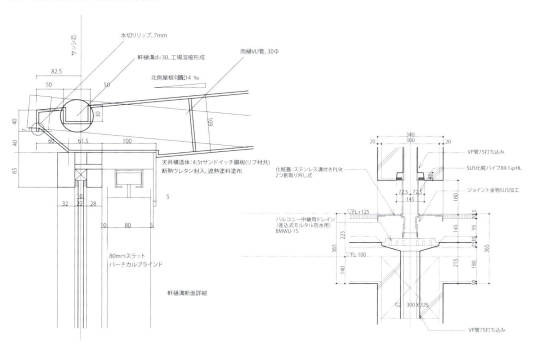

図2　軒樋溝の断面詳細図

図4　バルコニードレン詳細図

7.9 外壁窓まわりの水仕舞い

●R加工SUS管による水抜きパイプ

　外壁の雨ジミは、小規模の住宅程度ならさほど気にならないが、中高層の集合住宅などでは5年ほどで汚れとして目立ってくる。近年では、化粧打放しの際の補修技術の向上もあり、フッ素塗膜に半透明ホワイトやメタリックカラーを乗せるケースも増えており、これがかえって汚れの目立ちにつながっていると思われる。

　ここでは上記問題に対処すべく、外壁窓回りの簡潔な水仕舞いについて紹介する。図1は、25.4φのSUS鋼管をR加工したものをRC躯体に打ち込み、窓部の水切りの代わりにしたものである。

　この解決法の発端は、多種多様なサイズの窓に合わせてアルミ水切りを製作する予算がなかったことや、厚い壁に空いた深窓のシャープさを保つこと、外壁への雨ジミ沈着の防止を狙ったものである。具体的には図2のように、RC打ち放し躯体の外壁側窓台を、モルタル押さえにて仕上げる際、その天端を窪ませ雨受け溝を形成するようにした。窓面の面積と、窓台部分の雨水を受ける面積が小さい場合は有用と思われるが、パイプをR形状すなわちゆるい円弧状に曲げ、かつ筒先を若干下げ、先端にて水下となるよう曲げ加工しておくとよい。SUS管を打ち込む箇所の配筋ピッチにもよるが、あまり小さい半径にて曲げてしまうとゴミづまりの要因になるし、雨水の自然滴下が期待できない。またVP管で行うと、屈曲部に90度エルボ部材を使用せざるを得ず、これはほとんどの場合詰まってしまうので使用しないほうがよいだろう。またこの溝形成の方法をとる場合、塗膜防水を施す必要があるが、屋上階などで躯体防水する場合はこの限りではない。

●水切りエンドの注意点

　この事例では、図3のように、水切りパイプの端部には長さ40mm、32φのSUS製水切り用エンドキャップが取りつけられている。この理由は、曲げ管のみで雨水を切ろうとすると、横風などを受けた際に、吐出先から雨水の滴が躯体を伝って落ちてしまい、かえって雨ジミの発生要因にことが推察されたからである。こうした何らかのエンドキャップをつけておけば、万一管外側にて雨水が躯体側に伝っても、キャップ本体の躯体側端部にて水が切れるのである。またこの際は、エンドキャップと躯体は10mm程度のクリアランスをとっておくとよいだろう。この方法を屋上階パラペット外の水切り笠木がわりとして設ける場合は、2箇所並べて排水量を確保するのもよい。図4の事例ではタケイ式進化コンクリート防水工法をとっているため、溝天端は水密性モルタル押さえとしてある。

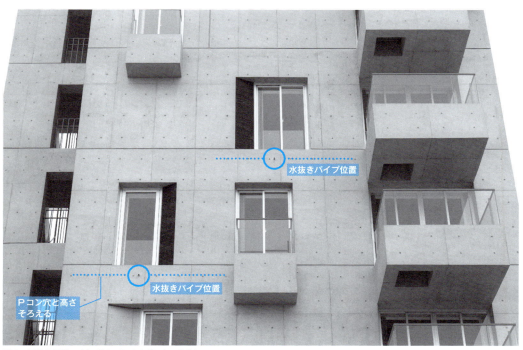

図1　外壁窓回りの水切りSUSパイプによる水仕舞い

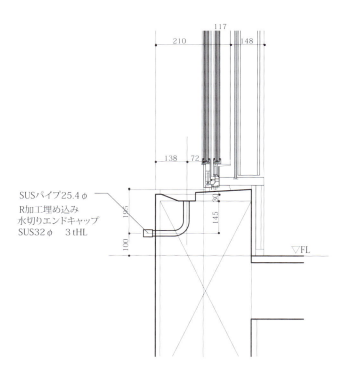

図2　水切りSUSパイプ共打ち詳細図

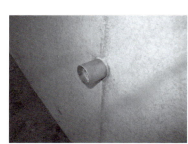

図3　同上施工済み写真

図4　屋上階パラペット立ち上がり外部の水切り仕舞い

7.10 見せない雨受けで魅せる屋根

●防水の基本、傘かプールか

　雨に限らず水の処理は、以下の2つの方法のどちらか、あるいは両者の組み合わせで成立する。一つは「傘」をさして雨を除け、適切な場所に流すような方法である。切り妻屋根など急な勾配がついた屋根や腰壁の笠木、建物のさまざまな部位に使われる水切りなどがこれにあたる。もう一つはプールをつくって水を溜めて、溜まった水をまとめて流す方法である。陸屋根の屋上防水や浴室の洗い場、軒樋などがこれにあたる。切り妻屋根の端部には軒樋がつき、陸屋根の防水の端部は水切りで納めるように（**図1**）、建物の各部は両者の組み合わせで成立していることも多い。

　一般的な屋根の防水方法の詳細については、防水材や樋の仕様書やカタログなどを参照いただくとして、ここでは意匠的な方針からたどり着いた内樋について紹介する。

●見せない内樋

　図2は、3棟に分かれた2階建て木造集合住宅の平面図・断面図である。間口が狭く奥行きが長い敷地において、その3方を隣地建物に囲まれ、採光については道路と天空からのみ期待できるような条件である。3棟の間には2つの中庭があり、この庭を介して各戸に採光を得るような構成で、1階の住戸からは白い玉砂利が敷かれた中庭が、2階の住戸からは屋根とその向こうに広がる空を眺めることができる（**図3**）。この屋根は、隣棟の住戸から眺める空の大きさをできるだけ大きくとれるよう、内部空間を丁寧に確認したうえで大きく斜めにカットされている。屋根と外壁は共にガルバリウム鋼板の平葺きで仕上げて一体の塊としていることもあり、できるだけ軒樋などの異物を取りつけず、この屋根をすっきりと見せる目的で、通常は軒先に出てくる軒樋を屋根の内側にすっきりと納めて屋根と一体としている（**図4**）。

　図5は内樋の詳細図である。雨を受けて流す樋はガルバリウム鋼板で箱状に製作され、屋根の端部がこの箱の端部を掴むよう納められている。樋がつまった際にはオーバーフロー[※1]が可能な状態としておかなければならないが、オーバーフロー時に雨漏りの原因となりやすい屋根との取合い部は十分に板金業者と打合せのうえ、詳細を決定しておきたい。またこの建物では壁体内通気は屋根面まで連続させ、建物のもっとも高い位置で外気に開放する方針としている。樋によってこの通気が遮断されないよう、樋の下に通気層を設けることで、建物の足下から最頂部まで連続した通気層を形成している。

※1：**オーバーフロー**
本節でふれている防水の基本である「プール」において、排水ドレンのつまりなどで水がたまりあふれでること。

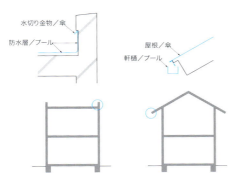

図1　陸屋根と切妻屋根の詳細

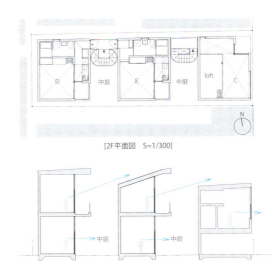

[2F平面図　S=1/300]

図2　3棟に分かれた2階建て木造住宅

図3　中庭と住戸の関係

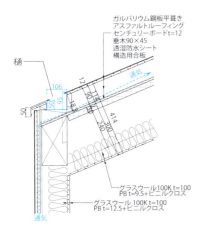

図5　内樋詳細図（中棟）

図4　バルコニーから隣棟の屋根をみる

7.11 土間の切下げで水場をつくる

●外部水栓の目的の多様性

　建築の計画において後まわしになりがちなのが外部水栓である。敷地内の建物回りやバルコニー・ルーフテラス、集合住宅のゴミ置場においては外部水栓が必要なことが多く、外構や外壁・バルコニー・ゴミ置場の清掃や洗車、植栽の水やり、また給湯も加えてペット用のシャワーとしても使用される。これらは、地中に埋め込まれたボックスや、水栓柱、外壁に水栓を取りつけることが多い。また、バーベキューなど屋外での食事を頻繁に行うライフスタイルであれば、食器洗いに使用できるようなシンクも備えた充実した水場が適している。屋外水栓は屋内に設置する水栓と異なり、その目的が多様であるため、計画時にはクライアントとの丁寧な打合せをしておくことが大切である。

　また、屋内の水栓ではあまり気にかけることがないが、寒冷地においては外部の給水管の保温（断熱）について注意する必要がある。日中に使用した水が給水管に残り、夜間に0度を下回ると残った水が凍結し、体積が増えることで給水管が破裂してしまう。屋外に設置する水栓のうち、不特定多数が使用可能な位置に設置される水栓については、ハンドルの取外しが可能な「キーつき水栓」を選定することで、使用者を限定できる。

●土間の切下げでシンプルかつローコストに水場をつくる

　外部に水場をつくる場合には、その排水は生活排水に分類されるので、シンクなどで集水して排水する必要がある。図1は集合住宅の庭に設置した水場で、特定の住戸の専用庭として使われる。ここで行われるであろうアクティビティにある程度対応できるよう、600□×深さ50mmのサイズで土間を切り下げ、ここに排水目皿をセットしてシンク代わりとし、ステンレス製の水栓柱＋水栓を設置することで水場としている（図2）。近年、製造メーカーからさまざまな外部用水栓が生産され、デザイン性が高いものも多くみられるようになったが、シンクについては周辺のデザインに相応しいものが見当たらないケースも多く、シンプルに土間に段差をつけることで、コストをかけず水場を実現している。

　設置するスペースの広さに合わせて切下げ寸法を自由に設定でき、石やタイルなどさまざまな仕上げ材でも製作可能であることから周辺のデザインにも合わせやすい。戸建て住宅や集合住宅に限らずさまざまな施設の水場で応用ができるだろう（図4）。

図4　戸建て住宅の駐車場に設けた水場

図1 集合住宅の庭

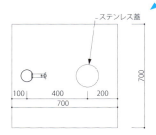

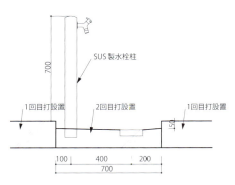

図2 土間切下げの水場 S=1/25

図3 集合住宅の庭の見下げ

クレジット

●掲載作品（本文中で記載のないもの）

◎高柳英明

LiF ／ RC造・地上6階
（鈴木洵、内木博喜と共同設計）
P.9、P.33、P.57、P.59、P.67、P.129、P.135、P.137 図3・図4・図5、P.139　図4

Tashiro71 ／ RC造・地上10階
P.11、P.23、P.31、P.37 図3、P.45、P.81、P.104、P.105、P.117、P.123、P.133、P.139 図1・図2

LIFE IN SPIRAL ／鉄骨造（一部RC造）・地下1階地上3階
P.43 図5、P.63、P.95、P.111 図2・図3・図4、P.137 図1・図2

◎添田建築アトリエ

TUNNEL ／ RC造・地上4階
P.13、P.37 図2、P.73 図1

桜木町の集合住宅／ RC造・地下1階地上5階
P.15 図1、P.41 図1・図2、P.47 図3、P.79 図1、P.143

CARRÉ ／ RC造・地上6階
P.15 図2、P.39、P.47 図1・図4、P.79 図2、P.127 図1・図2、P.131

中野の集合住宅／ RC造・地上4階
P.19、P.127 図3・図4

宇都宮の二世帯住宅／木造・地上2階
P.21

愛宕の集合住宅／ RC造・地下1階地上5階
P.27、P.49 図4、P.119

宇都宮の住宅1／木造・地上2階
P.29 図1、P.91 図1・図2、P.101

HUERTO ／ RC造・地上3階
P.29 図2

宇都宮の住宅2／木造・地上2階
P.41 図3、P.61、P.87

川崎の住宅／木造・地上2階
P.53 図4、P.146〜P.149

八幡山の住宅／木造・地上3階
P.65 図1、P.115 図1

クロス／木造・地上3階
P.65 図2、図3

代々木の住宅／木造・地上3階
P.85

代々木の二世帯住宅／木造・地上3階
P.115 図2・図・、図4

T-apartment ／木造・地上2階
P.141

●写真クレジット

太田拓実
P.11 図1、P.13 図2、P.15 図1、P.23 図2、P.27 図1、P.29 図1・図2、P.31 図1・図4、P.37 図2、P.41 図1・図3、P.43 図5、P.45 図2・図3、P.47 図1・図3・図4、P.61 図1・図2・図3、P.63 図1・図3・図4、P.73 図1・図2、P.79 図1・図2、P.81 図4、P.85 図3、P.87 図2、P.91 図1、P.95 図1、P.101 図4・図5、P.105 図5・図6、P.115 図2・図3、P.117 図3・図4、P.119 図1、P.123 図5、P.127 図2・図3、P.131 図3・図4、P.133 図1・図2・図4、P.135 図4、P.137 図1、P.139 図1、P.141 図3・図4、P.143 図1

大竹静市郎
p.97 図1・図4

小川重雄
P.107 図1・図4・図6

押尾章治／ UA
P.83 図1・図3、P.99 図1・図3・図4

新建築社
P.9 図3

鳥村鋼一
P.83 図1・図3、P.113 図1・図3・図4

中川敦玲
P.55 図1・図2・図3

中村絵
P.49 図1

八木建築研究所
P.71 図1・図3

山本陽一
P.75 図1・図3、P.103 図1・図3・図4・図5

高柳英明
P.33 図3、P.37 図3、P.57 図1・図2・図4、P.59 図1・図2・図3、P.67 図3・図4、P.7 図3、P.81 図3、P.95 図2・図3、P.105 図1・図4、P.111 図2・図3・図4、P.117 図1・図2、P.123 図1・図2・図4、P.129 図2・図3・図4、P.135 図1・図3、P.137 図3・図5、P.139 図3・図4

添田建築アトリエ
P.13 図3・図4、P.15 図2・図3、p.17 図1・図4、P.19 図1・図2・図3、P.21 図1・図3、P.27 図2、P.39 図2・図3、P.41 図2、P.47 図2、P.49 図4、P.53 図4・7、P.65 図1・図3、P.125 図1・図2、P.143 図3・図4

付録

実例／住宅設備設計

戸建て住宅の設備図の事例を取り上げる。
戸建て住宅の設備設計においては、特殊な設備を用いたり複雑な設備とならない限り、意匠設計事務所が図面を描くことが多い。これらの図に照明機器リストや衛生設備機器リスト、空調換気機器リストを加える。紙面の都合1/100の縮尺で掲載しているが、1/50程度で描くと寸法や注意事項などの補足を記載しやすい。

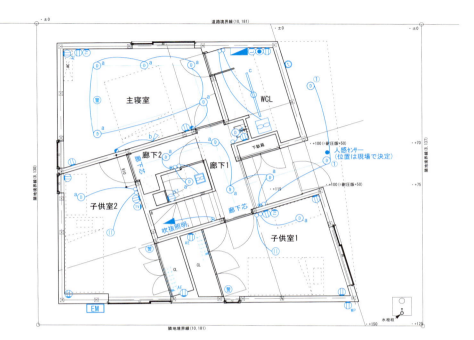

[1階電気設備図　S＝1/100]

[2階電気設備図　S＝1/100]

1. 電気設備図

凡例に示す各種スイッチ・コンセント、照明器具、分電盤などの位置を平面図上にプロットし、対応するスイッチと照明器具を太線で結ぶように描いたものが一般的で、ダウンライトの位置などはこの図に寸法を付して指示を行う。回路の指示は省略することが多いが、使用電力が大きい電子レンジや洗濯機、炊飯器などの使用が想定されるコンセントについては専用コンセントとしてその旨を補足しておくとよい。本書で繰り返し述べているように、展開図やその他の図面を用いて照明器具、スイッチ、コンセントの位置や納まりなど詳細を指示していくことで質の高い空間が出来上がる。
また設備図は、意匠的な情報を削除した意匠図が下地となるが、機器の取付けや配線に直接関係する柱や位置を示す際の基準となる通り芯は残しておくとよい。

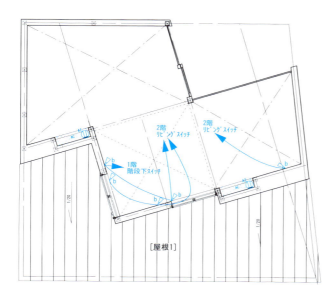

[吹抜け電気設備図1　S＝1/100]

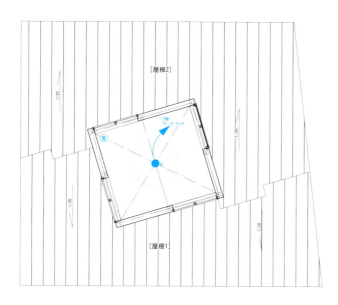

[吹抜け電気設備図2　S＝1/100]

2. 給排水衛生設備・空調換気設備図

給排水、空調換気機器の位置をプロットし、それぞれに接続される配管ルートを指示していく。電気設備と同様に展開図やその他の図面で、より正確な位置を示していく。空調機器や換気扇など電気を使用する機器については電気図にも示しておくこと。
なお、本図では径が細く勾配の検討も不要な給水管、給湯管、ガス管については、計画上問題となる可能性がほとんどないので省略している。

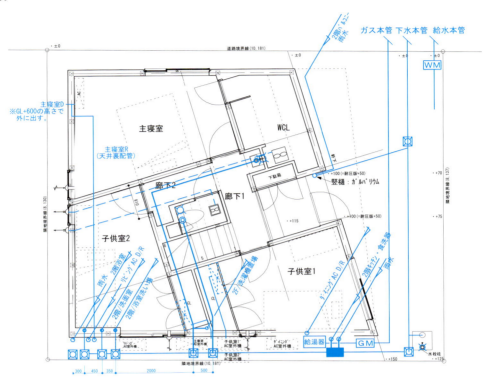

[1階給排水衛生設備・空調換気設備図　S＝1/100]

[2階給排水衛生設備・空調換気設備図　S＝1/100]

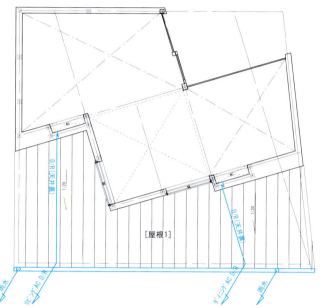

［吹抜け給排水衛生設備・空調換気設備図　S＝1/100］

索引

あ
アイランド型キッチン 110, 112
明るさ感 42, 43
アクティブソーラー 96
雨樋 134, 135
アンテナ 37
　〜受信 36
アンビエント照明 42
EPS 12
インターホン 40
　〜プレート 40, 41
　〜ボックス 40, 41
内樋 140, 141
エアコンの室外機 126
エコキュート 124
エコジョーズ 125
FRP防水仕上げ 52
　〜のバスルーム 52, 53
LPガス 20
エレベータ 130
オーバーフロー 140
親子換気扇 114
温水式 86

か
外部水栓 142
街路樹 8
ガス
　〜給湯器 124, 126
　〜の充満 14
　〜ボンベの設置 20
　〜メーター 18
可動式縦格子 106, 107
換気扇 114
換気通風機能つき玄関扉 104
換気方式 116
感知器のプロット 44
貫通孔ヌスミ材 116
機械室 128
　〜の集約 128, 129
キッチン
　〜・ワークトップ 68
　〜動線のワークトライアングル 69
　〜の典型類別 69
　〜排気 112
給気
　〜ベントキャップ 116
　〜レジスタ 104, 105, 116
給水 18
　〜増圧ポンプ 16
　〜メーター 16
給湯器 126
　〜を隠す 126
給湯号数 124

強化ガラス扉を用いた浴室 57
強化ガラスを使った浴室 56
クールピット 98
　〜・システム 94
系統図 17
結露 114
格子枡 22
小梁の省略 118
戸別配置型 16
コンクリートのキッチン 70
コンセント
　〜パネル 30
　〜プレート 28, 29

さ
3路スイッチ 32
CD管 12
シーリングライト 46
敷地調査 8
自然エネルギー 96
自然換気 100
室外機 128
　〜を隠す 128, 129
弱電設備の系統図 34, 35
弱電盤 26
集水枡 22
集中機械室化 128
集中配置型 16
重力換気 100, 101
受電引込み工事 10
情報分電盤 26
照明器具を隠す 48
照明
　〜の種類 42
　〜のプロット 44
ショートサーキット 78
除湿型放射式冷暖房 88
スイッチ
　〜回路 32
　〜の配置 32
　〜パネル 30
　〜プレート 28
水平フィン 106, 107
スポットライト 29
スマートメーター 14
全館空調 84
洗濯機 114
洗面カウンター 58
洗面室 58, 60
洗面スペース 62, 63
ソーラーチムニー 100, 101

た
太陽光発電 38

～パネル 38
太陽光パネル 39
ダイレクトゲイン 96
タオルバー 64
タオルリング 64
ダクト用換気扇 102
タケイ進化コンクリート防水法 94
タスク照明 42
縦型換気循環 102
縦樋 136
だんらんの空間寸法 68
暖炉 90
蓄熱 96
地中熱交換 94, 95
地熱利用 94
通風スリット 104
面一 46, 122
デザインキッチン 72
テレビの受信方法 36
電気 18
　　～温水器 124
　　～式 86
電気設備
　　～回路指示図 33
　　～機器 46
電気メーター 14
天井照明 44
電柱 8
電灯分電盤 26
電力自由化 14
トイレ照明の位置 66
特注ペーパーホルダー 65
飛込み配管 8
土間 96

な

日射コントロール 106
ヌスミ材 123
熱源機を隠す 126
熱交換 98
　　～装置 94
年間最適傾斜角 38
軒樋 136
ノンバーバルコミュニケーション空間 69

は

排気ダクト納まり 110
排水 18
パイロット型スイッチ 32
バス換気乾燥機 118
バス乾燥機 119
バス兼トラップ 52, 53
バスルーム 52
パッシブ住宅 98
パッシブソーラー 96
パワーコンディショナー 38
パンカールーバー 82, 83

半ツライチ 122, 123
PS 除湿型放射冷暖房 88
ヒートポンプ 124
引込み処理 10
引込み線 12
引込み柱 8, 10, 11
ビューバス 56, 57
避雷針
　　～の基礎 37
　　～の設置 36
風力換気 100
吹抜け 86
複式メーターボックス 16
物理的照度 42
ブリーズソレイユ 106
分電盤 26
ペーパーホルダー 64
HEMS 38
ペリメータゾーン 82, 88
ベントキャップ 116, 122, 123
掘りごたつ 90, 91
ポリランバー 72
ポンづけ 122

ま

薪ストーブ 90
枡の設置 22
水切り 140
水仕舞い 138
水の処理 140
水場 142, 143
モルタルバスルーム 54, 55

や

屋根出し煙突 91
有圧扇 98
床上排水方式の便座 66
床暖房 86, 87
浴室乾燥機 118

ら

ライティングダクト 46
LAN 配管 34
涼気 98
涼気・暖気の滞留 102
量販家具メーカー
　　～の規格製品キッチン 75
　　～のキッチン 74
ルームエアコン 78
　　～の先行配管 80, 81
　　～の配管ルート 80, 81
冷温水ラジエーター 88
連結送水管 132
　　～の納まり 132, 133

わ

ワークトライアングル 68

◆著者プロフィール

高柳英明（たかやなぎ・ひであき）
1972年生まれ
早稲田大学大学院博士後期課程修了　博士（工学）
現在、東京都市大学都市生活学部准教授、高柳英明建築研究所主宰、早稲田大学大学院非常勤講師を兼務
著書：「事例で読む建築計画」（彰国社）、「スマートライフ」（星雲社）、「建築設計テキスト集合住宅」（彰国社）ほか

添田貴之（そえだ・たかゆき）
1974年生まれ
1999年早稲田大学大学院理工学研究科（建築学）修了
1999年添田建築アトリエ
代表作：「CARRÉ」、「桜木町の集合住宅」、「宇都宮の住宅1」、「宇都宮の二世帯住宅」など

デザイナーのための住宅設備設計［術］
2016年9月10日　第1版　発　行

著　者	高　柳　英　明・添　田　貴　之
発行者	下　　出　　雅　　徳
発行所	株式会社　彰　国　社

著作権者との協定により検印省略

自然科学書協会会員
工学書協会会員

Printed in Japan
© 高柳英明・添田貴之 2016年
ISBN 978-4-395-32067-7 C3052

162-0067　東京都新宿区富久町8-21
電話　03-3359-3231（大代表）
振替口座　00160-2-173401
印刷：壮光舎印刷　製本：誠幸堂
http://www.shokokusha.co.jp

本書の内容の一部あるいは全部を、無断で複写（コピー）、複製、および磁気または光記録媒体等への入力を禁止します。許諾については小社あてご照会ください。